「世界の大富豪」成功の法則

World billionaires
the rules of success
by Akihiko Jojima

プレジデント社

「世界の大富豪」成功の法則

はじめに

世界に1826人のビリオネア

アメリカの経済誌「フォーブス」（Forbes）といえば「世界長者番付」、「世界長者番付」といえば「フォーブス」とまでいわれるようになった。

２０１５年版の世界ランキングが3月2日に発表されると、世界各国のメディアが大々的に報じた。日本でも、ＮＨＫを始めとするさまざまなメディアが競い合うように報道し、いまや一種の〝重要な年中行事〟の様相を呈している。

「フォーブス」誌の「世界長者番付」は、正式には「世界のビリオネア」（The World's Billionaires）という。

ビリオネアは「10億ドル」である。かつては１００万ドル以上の資産家を「ミリオネア」といったが、いまでは桁がグンと跳ね上がって、10億ドル以上の資産を保有する「ビリオネア」が〝大富豪の資格〟なのだ。

日本では、古来、大金持ちのことを「長者」と呼びならわし、昭和になってからは「億万長者」という表現も定着したが、バブル期以後、資産家の富裕度が加速しているので、〝億万長者〟というよりも〝兆億長者〟と呼ぶ方が実体を反映している。

現に２０１５年の「フォーブス版ビリオネア」の世界ランキングでは、１２４位までが資産１００億ドル、日本円にすると10兆数千億円。世界各国に〝兆億長者〟がゴロゴロしている御時勢なのである。

その数、世界に１８２６人。それらのビリオネアの資産総計は7兆５００億ドル。日本円に換算すると、約８４６兆円。天文学的数字になる。２０１５年度の日本の国家予算（一般会計）が96兆３４２０億円だから、その途方もない巨額さがわかろうというものだ。

８４６兆円の富がビリオネアに

世界中のビリオネア１８２６人という数字は、世界の人口が約77億４４００万人（国連「２００４年版世界人口白書」）だから、０・０００２％。まさに〝一握り〟以下であり、例えていうなら、公園の砂場で砂金一粒を探す以上に難しい。

それくらい希少価値がある「世界に０・００００２％しかいない〝兆億長者〟」が、77億超の人々で構成する〝富のピラミッド〟の頂点を形成しており、その「頂点の頂点」に君臨し続けているのがビル・ゲイツということになる。ビル・ゲイツは59歳。

その一方では、飢餓に苦しむピラミッド最下層の人々が約８億５００万人もいるとＦＡＯ（国連食糧農業機関）が２０１４年９月に発表。これは総人口の１割強にあたる高比率であり、「世界的な貧富の格差」が厳然として存在することも見逃せない事実なのだ。

さはさりながら、貧富の差、栄枯盛衰は世のならいである。富は集まりもすれば、散ってもいくのだ。メディチ家は14世紀のルネサンス期にイタリアの都市フィレンツェで台頭したが、18世紀前半に滅亡し、中世から政治的・経済的にヨーロッパを支配したハプスブルグ家も20世紀初頭には滅んでしまった。

新興勢力が旧勢力を駆逐

人が生まれ、成長し、老いて死んでいくように、どんな時代にも必ず新興勢力が台頭し、それと入れ替わりに老舗・名門・名家と呼ばれる旧勢力が消えていく。それが自然な流れである。

15世紀末のコロンブスによる「新大陸発見」から２００年後の17世紀末から18世紀にか

「フォーブス世界長者番付」の歴代トップ

	ビリオネア名	資産額（億ドル）
1987年	堤義明（西武鉄道グループ 元オーナー）	200
1988年	堤義明	189
1989年	堤義明	150
1990年	堤義明	160
1991年	森泰吉郎（森ビル 創業者）	150
1992年	森泰吉郎	130
1993年	堤義明	90
1994年	堤義明	85
1995年	ビル・ゲイツ（マイクロソフト 創業者）	129
1996年	ビル・ゲイツ	180
1997年	ビル・ゲイツ	364
1998年	ビル・ゲイツ	510
1999年	ビル・ゲイツ	900
2000年	ビル・ゲイツ	600
2001年	ビル・ゲイツ	587
2002年	ビル・ゲイツ	528
2003年	ビル・ゲイツ	407
2004年	ビル・ゲイツ	466
2005年	ビル・ゲイツ	465
2006年	ビル・ゲイツ	520
2007年	ビル・ゲイツ	560
2008年	ウォーレン・バフェット（投資持株会社バークシャー・ハサウェイ 会長兼CEO）	620
2009年	ビル・ゲイツ	400
2010年	カルロス・スリム（通信会社テルメックス オーナー）	535
2011年	カルロス・スリム	740
2012年	カルロス・スリム	690
2013年	カルロス・スリム	730
2014年	ビル・ゲイツ	760
2015年	ビル・ゲイツ	792

※「フォーブス」が世界長者番付を最初に発表したのは 1987 年。
※日本人がトップを占めたのは、バブル期。

けて、アメリカでは、主として移民系の新興勢力が海運業、不動産業、ホテル業、鉄鋼業、石油業などに進出して巨富を蓄え、財閥としての地位を築いた。アスター、ヴァンダービルト、モルガン、ロックフェラー、カーネギー、デュポンなどだが、かれら全員の栄光が不滅というわけではない。消えていった財閥も数多いのだ。

「フォーブス」誌の十八番《おはこ》「世界長者番付」は、20世紀から21世紀にかけて活躍した大富豪のランキングで、２０１５年で29回を数えるが、野次馬的な興味や関心を呼ぶだけでなく、世の移り変わりを映す時代の鏡でもある。

20世紀最後の四半世紀に入ると、ＩＴ産業が勃興し、パソコンとインターネットが世界のしくみを変え、その潮流に乗って成功したＩＴ長者が続々と誕生した。40歳未満のビリオネアは46人（２・５％）だが、そのほとんどはＩＴ長者である。

本書は、「フォーブス」誌の「世界長者番付」にランキングされたビル・ゲイツらのトップ・ビリオネアだけでなく、いまや伝説となったロックフェラーを中心とした名門ビリオネアらが、どうやって巨富を手に入れたか、そしてその人生がどんなであるかを紹介し、彼らから学べる点は何かといったことにも多くのページを割いている。

「大富豪数」と「大富豪率」は違う

「フォーブス」誌が発表した2015年版の「ビリオネア国別人数」は、IT長者がひしめき合うアメリカが他国を圧し、以下の順位は次のようになっている。

1位　アメリカ……536人（人口3億2260万人）
2位　中　国……213人（人口13億9380万人）
3位　ドイツ……103人（人口8270万人）
4位　インド……90人（人口12億8740万人）
5位　ロシア……88人（人口1億4250万人）
6位　イギリス……53人（人口6350万人）
7位　フランス……47人（人口6460万人）
8位　台　湾……33人（人口2330万人）
9位　韓　国……30人（人口4950万人）
10位　日　本……24人（人口1億2700万人）

この一覧から「中国は213人でアメリカの536人に次ぐ多さなのに対し、日本は24人で中国の9分の1しかいない」ということがわかるが、そういう見方だけで終わってしまっては面白くない。日本と中国は、同じ先進国であっても、人口差が激しい。中国は日本の10倍をはるかに超える14億人に近い人口がおり、そのことも考える必要がある。

そこで、「総人口の何割がビリオネアか」という尺度でランキングしなおしてみると、中国の順位が激変し、日本と同水準ということがわかる。それに対し、台湾が大健闘していることもわかるのである。

①アメリカ16人（**0・00016%**）、**②台湾14人**（**0・00014%**）、**③ドイツ12人**（**0・00012%**）、**④イギリス8人**（**0・00008%**）、**⑤フランス7人**（**0・00007%**）、**⑥ロシア、韓国各6人**（**0・00006%**）、**⑧中国、日本各2人**（**0・00002%**）、**⑩インド1人未満**（**0・000007%**）。

もうひとつ気になるのは、ビリオネアの年齢だ。上位陣の年齢層を前年（カッコ内）と比べてみると、**90代2人**（**1人**）、**80代3人**（**3人**）、**70代7人**（**6人**）、**60代4人**（**5人**）、**50代2人**（**3人**）、**40代2人**（**2人**）、**30代1人**（**0人**）で、確実に高齢化は進んでいるが、前年にはなかった30代の青年の台頭もある。その代表格が「フェイスブック」の創業者マーク・ザッカーバーグである。彼は、「フォーブス」誌が2015年3月初めに恒例の「世界長者番付」を発表したとき、30歳だった。

年齢の話が出たので、お断りしておくが、本書に記した年齢は、原則として番付が発表された時点での年齢であることをお知りおきいただきたい。また、ドルやポンド表示の資産額にカッコ付きで入っている日本円の金額も、発表時点での為替レートである。

「世界の大富豪」成功の法則　目次

第2章 伝説の大富豪たちの「人を出し抜く一攫千金の法則」

第3章 華麗でリッチなロイヤルファミリーのバランスシート

第4章 IT成金になる「チャンス鷲掴みの原理原則」

第6章 躍進著しいアジア圏の「成り上がり必勝法」

第1章

世界長者「ピラミッドの頂点を極める成功方程式」

2015年の「世界長者番付」の「トップ10」の顔ぶれは、前年とほぼ同じだった。特に「トップ3」は、〝ITの王者〟マイクロソフトのビル・ゲイツ、〝メキシコの通信王〟テルメックスのカルロス・スリム、〝投資の神様〟の異名を取るウォーレン・バフェットが鎬《しのぎ》を削っている状況である。

激動し続ける世界情勢・経済状況のなかで、大富豪ピラミッドの頂点の位置を不動のものにしている秘訣とは何なのか？　富を得るときの「攻」と富を得た後の「守」はどうすべきなのか？　そういったことを知りたいと思う人は決して少なくないだろう。

「ビリオネア」という世界長者の栄冠をわが手にした人たちの蓄財の経緯、資産の推移はもとより、それを可能にした先見性、直観力、決断力、独創性、カリスマ性、言行録などをあらゆる角度から探ったのが本章だ。

世界ランク1位

ビル・ゲイツ

♛人類史上空前の最高神（アポロン）になった男

William Henry "Bill" Gates III

資産10兆円に手が届く世界No.1

個人資産792億ドル（9兆5000億円）！

ビル・ゲイツは、空前絶後の〝ビリオネア・オブ・ビリオネアズ〟（兆億長者のなかの兆億長者）である。

「はじめに」で触れたように、「10億ドル以上の資産家」であるビリオネアは、2015年3月現在、世界に1826人（前年は1645人）おり、その頂点に君臨するのが「マイクロソフト」の創業者ビル・ゲイツなのである。

ビル・ゲイツが保有する資産は巨額すぎて実感がない。そこで、企業の売上高と比較してみると、日立の連結売上高と同じくらいである。30万人を超える世界中の日立の従業員が、日夜、汗水流して稼いだ総額を、ビル・ゲイツは、たった一人で稼ぎ出すのだ。

彼は、前年11月に15億ドルもの金を自身の財団（ビル＆メリンダ・ゲイツ財団）に寄付している。それでいて、前年より2兆円も資産を増やしているのだから言葉を失う。ありあまる金があることを「腐るほどある」とか「金が唸っている」などというが、この喩えはビル・ゲイツを端的に表現するためにあるのではないかとさえ思えてくる。

世界一の大富豪の生活とは

世界一の大富豪の生活は、どうなっているのか。

ビル・ゲイツは、ＩＴ系長者の例に漏れず、服装には金をかけないが、ストレス発散には金をかける。糸目をつけないというべきかもしれない。一例を紹介しよう。

ビル・ゲイツは、２０１４年8月、妻子４人とバカンスに出かけた。行き先はイタリアのリゾート地サルデーニャ島。そのそばの海に浮かべた豪華クルーザー「シリーン」に宿泊、島へはヘリで移動してテニスなどを楽しんだ。

シリーン号は全長約１３７ｍ。船室は12あって建造費は約３３０億円（3億３０００万ドル）。１週間のリース料は5億円。家族以外に52人のクルーが同伴しており、総費用は51億円だった。

ビル・ゲイツの凄さは、世界富豪№１を定位置にしているところだ。１９９５年から２００７年までの13年間トップの座をキープした。２００８年は前年より20億ドルも増やしたが、〝株の神様〟ウォーレン・バフェットが40億ドルも多く稼いでトップに躍り出て、〝メキシコの通信王〟カルロス・スリムも11億ドル増やして2位に浮上したため、3位に陥落してしまった。だが、翌2009年には首位を奪還した。前年秋のリーマン・ショックで景気が低迷した影響を受け、前年比180億ドル減の400億ドルに減らしはしたものの、他の富豪がもっと減らしたからだ。

しかし、返り咲いた首位の座は、その1年で終わった。明くる2010年から2013年までの4年間は、勢いに乗る〝メキシコの通信王〟カルロス・スリムの後塵を拝することになったのだ。とはいえ、その間のビル・ゲイツの資産額の推移は、530億ドル、560億ドル、610億ドル、670億ドルと4年間ずっと増やし続けた。これは、後述する懐刀の働きによるところ大である。

長者番付に限らず、スポーツの順位であれ、成績であれ、一度、トップの座から滑り落ちると再び返り咲くのは難しいものだが、ビル・ゲイツは2014年には1位を奪還し、2015年もキープした。そこが、〝並の大富豪〟と異なる点だ。

つまり、1995年から2015年までの21年間でトップでなかったのは、たった5年だけ。空前絶後の〝ビリオネア・オブ・ビリオネアズ〟というしかないのだ。

ビル・ゲイツのお宝は30億円のダ・ヴィンチ

ビル・ゲイツが変えたのは、世界の大富豪史だけではない。ＩＴの歴史も塗り替えた。

ビル・ゲイツが米経済誌「フォーブス」恒例の「世界長者番付」のトップに初めて躍り出たのは、１９９５年。画期的なＯＳ（オペレーション・システム）として世界的に大ヒットした「ウィンドウズ95」を発売した年である。

ビル・ゲイツは、「ウィンドウズ95」の需要を喚起するために、金を惜しみなく使って一気に勝負に出た。販促キャンペーンにローリング・ストーンズを起用、「ロンドン・タイムズ」紙に広告特集を掲載し、それを配布するなどしたのである。

その効果は抜群で、シアトル郊外にあるマイクロソフトで開いた製品発表会には５００人を超す記者が詰めかけた。

ビル・ゲイツは、「ウィンドウズ95」の爆発的ヒットを確信していたとみえ、発売の前年に、マイケル・ラーソンという〝資産運用の達人〟を雇っている。

この男のアドバイスなのか、11月に世界が仰天する買い物をした。当時の日本円で30億１８６４万５０００円（３０８０万２５００ドル）！　トヨタの連結売上高約

25兆7000円（2014年3月期決算）を超える金額で、ソニーの連結売上高3年分に相当する。

そのような気が遠くなる大金を投じてビル・ゲイツが手に入れたのは、〝万能の天才〟レオナルド・ダ・ヴィンチの「レスター手稿」と呼ばれるお宝だった。ニューヨークのサザビーズのオークションで競り落としたのだ。

〝アメリカの石油王〟がかつて所有

「レスター手稿」は、ダ・ヴィンチが1478年頃から死ぬ1519年まで書き続けた膨大な量のメモの一部で、18枚の紙の表裏に鏡文字やスケッチが記されていた。

ダ・ヴィンチは生前、その手稿を弟子のフランチェスコ・メルツィに託した。

そのとき25歳だったフランチェスコは、師の遺言を守り、スペイン国王に全部買ってもらおうとしたが、一部しか買ってもらえなかった。マドリッド国立図書館が保管している「マドリッド手稿」がそれだ。

マドリッド手稿は、1490年頃から1505年頃に書かれたと推定される「マドリッドⅠ」と「マドリッドⅡ」から成る機械構造などのデッサンとメモである。

時のスペイン国王は、神聖ローマ皇帝でもあるカルロス1世。ハプスブルグ帝国の絶頂期に君臨した王だが、ダ・ヴィンチの価値がわからなかったのだ。

世界遺産ともいうべき「マドリッド手稿」だったが、フランチェスコが1570年に86歳で死ぬと、やがて散逸。現在、パリ学士図書館や大英博物館などが所蔵している。

そうしたなかで唯一、個人間で転売が繰り返されたのが「レスター手稿」だった。

1717年にイギリスのレスター伯爵が購入。それを〝アメリカの石油王〟アーマンド・ハマーが1980年12月に512万ドル（約1億円）で買い取り、1994年にビル・ゲイツの手に渡ったのである。アーマンド・ハマーの詳細については、第2章参照。

「レスター手稿」は今、シアトル郊外ワシントン湖のほとりにあるビル・ゲイツ邸のライブラリー（2100㎡）に展示され、年に1回、世界のどこかを巡回する。日本へは2005年に来たので、鑑賞した読者もいるのではないか。

ビル・ゲイツ邸は、敷地面積4・1ヘクタール。その広大な敷地に建てられたプール付き4階建ての邸宅は、1億2000万ドルともいわれ、ベッドルーム7室、バスルーム24室、映画館などを備えている。

ビル・ゲイツの〝超絶流〟「大富豪への成功方程式」

少年時代、一介の〝パソコンおたく〟に過ぎなかったビル・ゲイツが、「時代の覇者」となれた秘訣は何か？　手短にいうと、それは、時代の流れを読む並外れた「先見性」と強固な「意志力」である。

先見した夢を現実のものにしていく不屈の意志力。その2つの才能で、ビル・ゲイツは世界ナンバーワンの巨富を築き上げたのだ。

ビル・ゲイツが「フォーブス」誌の世界長者番付のトップでなかった年は、前述したように1995年から2015年までの21年間で、たった5回（2位4回、3位1回）しかない。ビル・ゲイツは、世界史上に類例のない〝超絶大富豪〟なのである。凡人があやかろうとしてもどだい無理な話だが、彼の「金銭哲学」からヒントを得ることはできる。

そこで、彼の言行録のなかから「大富豪への道しるべ」となるべき金科玉条を厳選してみた。

ビル・ゲイツの「大富豪への12の成功方程式」

①人生は公平じゃないという処世訓を、頭に叩き込んでおくことだ。（Life is not fair, Get used to it.）

②貧しく生まれるのは君のせいじゃないが、貧しく死ぬようなら君のせいだ。（If you're born poor, it's not your mistake. But if you die poor, it's your mistake. ）

③直感を信じることが、しばしば必要になる。（Often you have to rely on intuition.）

④成功体験は困った教師のようなものだ。抜け目のない者を失敗するわけがないと信じ込ませてしまう。（Success is a lousy teacher. It seduces smart people into thinking they can't lose.）

⑤人と比較してはいけない。そんなことをすれば、自尊心を傷つけるだけだ。（Don't compare yourself with anyone in this world…if you do so, you are insulting yourself.）

⑥成功に酔うのは結構だが、失敗から学ぶ方がもっと有意義である。（It's fine to celebrate success, but it is more important to heed the lessons of failure.）

⑦うまくできないなら、せめてよく見えるようにせよ。（If you can't make it good, at least make it look good.）

⑧手元に金があると我を忘れてしまうが、金がなければ世間から忘れ去られる。それが人生というもの。（When you have money in hand, only you forget who are you. But when you do not have any money in your hand, the whole world forget who you are. It's life.）

⑨ほとんどの人は、1年でやれたことは過大評価し、10年でできることを過小評価しがちだ。（Most people overestimate what they can do in one year and underestimate what they can do in ten years.）

⑩最も得るところが大きい顧客は誰かといえば、一番不満を持っている顧客ということになる。（Your most unhappy customers are your greatest source of learning.）

⑪どれだけ忍耐できるか。それが成功の鍵を握っている。（Patience is a key element of success.）

⑫大きく勝とうとすれば、大きなリスクが付随することを覚悟しなければならない。（To win big, you sometimes have to take big risks.）

※以上の金言は、よりわかりやすくするために城島流に意訳した。以下のページも同様。

世界ランク2位

カルロス・スリム

♛メキシコの通信王の張り投資術

Carlos Slim Helú

4年連続でビル・ゲイツを下に見た実力者

ビル・ゲイツがトップでなかった年が5回（2位4回、3位1回）ある。1995年から2015年までの21年間だが、その間、ビル・ゲイツを抜いてトップの座に立った大富豪は、前述したようにたった2人しかいない。〝投資の神様〟ウォーレン・バフェットと〝メキシコの通信王〟カルロス・スリムだ。

ビル・ゲイツが3位に沈んだ2008年に1位に躍り出たのがウォーレン・バフェットで、2位がカルロス・スリムだったが、2010年から2013年までは、カルロス・スリムがビル・ゲイツを押さえて堂々の4年連続トップだったのである。

ビル・ゲイツは、2014年に5年ぶりにトップに返り咲いたが、資産額で見ると、ビル・ゲイツ760億ドルに対し、カルロス・スリム720億ドルで、その差は40億ドルしかなかった。

カルロス・スリムの資産がメキシコのGDPの7％を占めたというので大騒ぎになっ

IT長者世界ランキング（2015年）

	ビリオネア名	資産額（億ドル）	国	世界順位	事業内容
1	ビル・ゲイツ（59歳）	792	米	1	パソコン「マイクロソフト」創業者
2	ラリー・エリソン（70歳）	543	米	5	データベース「オラクル」創業者
3	ジェフ・ベゾス（51歳）	348	米	15	ネット通販「アマゾン」創業者
4	マーク・ザッカーバーグ（30歳）	334	米	16	SNS「フェイスブック」共同創業者
5	ラリー・ペイジ（41歳）	297	米	19	検索エンジン「グーグル」共同経営者
6	セルゲイ・ブリン（41歳）	292	米	20	検索エンジン「グーグル」共同経営者
7	ジャック・マー（50歳）	227	中	33	eコマース「アリババ」創業者
8	スティーブ・バルマー（58歳）	215	米	35	世界最大パソコンソフト「マイクロソフト」
9	ロレンス・パウエル・ジョブズ（51歳）	195	米	45	ITメーカー「アップル」創業者スティーブ・ジョブズの未亡人
10	ミハエル・デル（75歳）	192	米	47	パソコンメーカー「デル」創業者
11	アジム・プレムジ（69歳）	191	印	48	ITソリューション「ウィプリ」創業者
12	ポール・アレン（62歳）	175	米	51	「マイクロソフト」共同創業者
13	馬《マ》化《ヒュア》騰《テン》（ポニー・マー）（43歳）	161	中	56	中国最大ツイッター「テンセント」創業者
14	李彦宏（ロビン・リー）（46歳）	153	中	62	中国最大検索エンジン「バイドゥー」創業者
15	シブ・ナダール（69歳）	148	印	66	ITサービス「HCL」共同創業者
16	孫正義（57歳）	141	日	75	ネット関連「ソフトバンク」創業者
17	雷《レイ》軍《ジュン》（45歳）	132	中	87	スマホ「Xiaomi」共同経営者
18	ハッソ・プラットナー（71歳）	91	独	137	パッケージソフト「SAP」共同経営者
	エリック・シュミット（59歳）	91	米		検索エンジン「グーグル」CEO（2003〜2013年）
20	三木谷浩史（50歳）	87	日	151	ネット通販「楽天」創業者

女性IT長者世界ランキング

	ビリオネア名	資産額（億ドル）	国	事業内容
1	メグ・ホイットマン（58歳）	13	米	パソコン「ヒューレット・パッカード」CEO（2014年の報酬1960万ドル）
2	シェリル・サンドバーグ（45歳）	12.2	米	SNS「フェイスブック」COO
3	彭《ペン》蕾《ライ》（ルーシー・ペン）（56歳）	12	中	eコマース「支付宝(アリペイ)」CEO
4	王《ワン》雪紅《シュェール》（56歳）	8.9	台湾	スマホメーカー「HTC」（安達国際電子）共同創業者
5	マリサ・マイヤー（39歳）	4.1	米	検索エンジン「ヤフー」CEO

※年齢は「フォーブス」が発表した2015年3月時点。

たのは、２０１2年のことだった。

その年のカルロスの資産は６９０億ドル。翌年が７３０億ドル、翌々年（２０１４年）は７２０億ドル。そして２０１５年にビル・ゲイツにトップを奪回されたものの、前年より51億ドル増の７７１億ドルである。

優良株を安く買って高くなるまで保有

カルロス・スリムの両親は、〝日産の中興の祖〟カルロス・ゴーンの家系と同じく、レバノンからの移民である。カルロスの父は、メキシコで事業に成功して多くの不動産を取得し、裕福になった。

カルロスは、その父に子どもの時分から、次のような「銭儲け哲学」を教え込まれた。

「投資の鉄則は、いい物件やいい株式が安くなったときに買うことだ。そうすれば、必ず儲かる」

１９６５年、カルロス・スリムは25歳のときに「グループ・カルソ」という会社を起業。企業買収を繰り返して順調に資産を増やしていった。新規に会社を創設するのではなく、既存の会社を買収すれば、リスクは少ない。そう考えたのだ。

〝ビリオネア3強〟の年度別推移

年	順位 ビル・ゲイツ	順位 カルロス・スリム	順位 ウォーレン・バフェット	資産額 ビル・ゲイツ	資産額 カルロス・スリム	資産額 ウォーレン・バフェット	対前年比資産増減額 ビル・ゲイツ	対前年比資産増減額 カルロス・スリム	対前年比資産増減額 ウォーレン・バフェット
15	1	2	3	792	771	727	32	51	145
14	1	2	4	760	720	582	90	-10	47
13	2	1	4	670	730	535	60	40	95
12	2	1	3	610	690	440	50	-50	-60
11	2	1	3	560	740	500	30	205	30
10	2	1	3	530	535	470	130	185	100
9	1	3	2	400	350	370	-180	-250	-250
8	3	2	1	580	600	620	20	110	100
7	1	2	3	560	490	520	40	190	100
6	1	3	2	520	300	420	55	62	-20
5	1	3	2	465	238	440	-1	99	11
4	1	17	2	466	139	429	—	—	—

順位 2004～2015年　資産額 2004～2015年 単位：億ドル　対前年比資産増減額 2004～2015年 単位：億ドル

※2009年の激減は前年秋の「リーマン・ショック」の影響

だが、好事魔多し。42歳を迎えた1982年、メキシコが債務危機に陥ってしまうのだ。

メキシコの株式市況は大暴落。弱気一辺倒となった株式市場で、カルロスは父から教わった富豪への成功方程式を実行に移した。大勢とは反対の「逆張り」に出たのである。安い株価をつけている優良株を買いまくったのだ。

やがて経済が回復、カルロス・スリムの資産は何倍にも増えていた。

歴史は繰り返す。メキシコは1994年にも危機に直面。ヘッジファンドに付け入られ、またしても株式市況は大暴落、手がつけられない状態になった。

そのときもカルロスはやはり「逆張り」に出て資産を増やしたのである。

逆境こそ飛躍へのスプリングボード

カルロス・スリムは、なぜ4年間も大富豪ピラミッドの頂点を極めることができたのか。最大の勝因は、「国営企業の民営化」という千載一遇のチャンスを逃さなかったことだ。

古代ギリシャの詩人ピンダロスが、こんなことをいっている。

「われわれ人間というものは馬鹿だから、足元に転がっている幸運は見過ごしてしまう。そして、手の届かないようなものばかり追い求める」

その点、メキシコの国営企業の民営化というビッグテーマは、カルロスにとって手の届かないターゲットではなかった。むしろ、足元に転がってきた幸運の種だった。とはいうものの、カルロス・スリムが目をつけた国営通信企業テルメックスを単独で入手するのは難しかった。

大富豪へのチャンスを目の前にしてカルロスが考えたのは、「外国企業との合従連衡」

という手だった。

カルロスはアメリカの大手通信会社SBC（AT&Tの前身）とタッグを組み、テルメックスを公開入札で買収に成功した。1990年、カルロス50歳の出来事だった。

そうやってテルメックス、テルセル、アメリカ・モビルの通信3社を手に入れると、彼は中南米17か国へ進出、2013年には契約モバイル数2億7000万人を獲得、売上600億ドルに達する巨大な〝ラテン通信帝国〟を築くのだ。

逆風をどう乗り切るか

長い人生、順風ばかりではない。逆風が吹く局面が幾度も訪れる。真価が問われるのは、そのときだ。カルロス・スリムにも、逆風が襲いかかった。そのときカルロスは、どう乗り切ったのか。

メキシコでは、2012年に市場開放を掲げる政権が登場して以来、カルロス・スリムが獲得したアメリカ・モビルの時価発行総額は170億ドルも減少した、とメディアは伝えている。

アメリカ・モビルは、テルメックスを通じて固定電話の80%のシェアを握り、テルセルを通じてモバイルの70%のシェアを握っていたのに、なぜそうなったのか。2014年にシェアの上限50%という規制枠が設けられ、それが大きく響いたのである。

カルロス・スリムは、規制枠を超える持ち株を売却。150億ドルを手にした。

カルロスは、2009年に経営不振に陥った米紙「ニューヨーク・タイムズ」に注目、2億5000万ドルを融資したが、その額は150億ドルの2%にも満たない。

メキシコでの「独禁法の縛り」という逆境は、カルロスにとっては、外国に進出するチャンスと映った。彼はすでに中・東欧という新しい市場に進出を果たし、〝メキシコの通信王〟から〝世界の通信王〟へと羽ばたいているのだ。

たとえ1年だけでも、〝世界の大富豪ピラミッド〟の頂点を極めるのは至難の業ではないが、カルロス・スリムはその偉業を4度も達成している。

その秘訣は、次の3つに集約できる。

①逆風に乗る

「逆風はどう吹いているか。その流れに逆らわずに、見切り時を見極めよ」

②ライバルに勝つ

「競合他社よりいい仕事をすることを常に考えよ」

③時間に振り回されるな

「仕事と家庭をどうやって両立させるかを考え、さまざまな仕事の重要性に応じて時間配分をすることだ」

カルロス・スリムの「大富豪への10か条の成功方程式」

①危機は誰にも訪れる。問題は、その危機をバネにして強くなれるかどうかだ。
(Any personal crisis? you have to use it to get stronger.)

②失敗は誰にもある。人間的なことなのだ。失敗は小さくし、素直に受け入れ、修正せよ。そして、忘れるのだ。
(Mistakes are normal and human.Make them small, accept them, correct them, and forget them.)

③どんなビジネスにも誤りはつきものだ。大きな誤りをどうやって避けるかが成功の鍵となる。(All businesses make mistakes.The trick is to avoid large ones.)

④精神状態を左右するネガティブな感覚・感情を抑制しないといけない。傷心は他人のせいで生じるのはなく、自分自身から生まれ、大きく膨らむのだ。
(Do not allow negative feelings and emotions to control your mind.Emotional harm does not come from others;it is conceived and developed within ourselves.)

⑤人は、誰かと競い合うことで、いつも、いつだって、大きくなれる。たとえ競争相手が勝ってもだ。

（Competition makes you better, always, always makes you better, even if the competitor wins.）

⑥現実を直視し、達成可能な明確な目標を持て！

（Be practical, and have clear and attainable goals.）

⑦楽観的であれ。おびえてはいけない。

（Be optimistic, and not guided by your fears.）

⑧何でもかんでも自分でやろうとするな。むしろ、他人と連携し、共同でやるべし。

（Don't try to be and do everything yourself;rather, create alliances and partnerships with others.）

⑨競争を楽しむこと。そうすれば健康になり、自分自身やビジネスをもっと強くする方法を掴むことだ。

（Relish competition, and understand that it's healthy and will make you and your business stronger.）

⑩ローカル発のグローバルを目指すのだ。（Don't stay local, go global.）

ラテン・アメリカのビリオネア（2015年）

	ビリオネア名	資産額	国名	世界順位	事業内容
1	カルロス・スリム（75歳）	771億ドル	メキシコ	2位	通信
2	ホルヘ・パウロ・レマン（75歳）	250億ドル	ブラジル	26位	ビール
3	ジョセフ・サフラ（76歳）	173億ドル	ブラジル	52位	銀行
4	ジャーマン・ラレア・モタ・ベラスコ（61歳）	139億ドル	メキシコ	77位	鉱山
5	アイリス・フォントボナ（72歳）	135億ドル	チリ	82位	鉱山
6	ルイス・カルロス・サルミエント（82歳）	134億ドル	コロンビア	85位	銀行
7	マルセル・ヘルマン・テレス（65歳）	130億ドル	ブラジル	89位	ビール
8	カルロス・アルベルト・スクピラ（67歳）	113億ドル	ブラジル	110位	ビール
9	アルベルト・バリエ・ゴンザレス（83歳）	104億ドル	メキシコ	121位	鉱山
10	フアン・ロベルト・マリーニョ（61歳） ホセ・ロベルト・マリーニョ（59歳） ロベルト・イリニオ・マリーニョ（67歳）	82億ドル	ブラジル	165位	メディア

メキシコ・中南米・南米を総称して「ラテン・アメリカ」といっている。
ラテン系民族の国々の大富豪は、ブラジルとメキシコが双璧だ。
※年齢は2015年３月現在

世界ランク3位

ウォーレン・バフェット

"投資の神様"と信奉されるオハマの賢人

Warren Edward Buffett

富を確実に増やす鉄則は「正攻法」

「株をやっている」と豪語する人で、ウォーレン・バフェットの名を知らない人はいない。ウォーレン・バフェットは、アメリカはネブラスカ州オマハに本拠を置く世界最大の投資会社「バークシャー・ハサウェイ」の会長兼CEOで、"オハマの賢人""投資の神様"と崇められてきたカリスマだ。

ウォーレン・バフェットが説く"株で大富豪になる方程式"には、世界各国に数え切れないくらい大勢の熱狂的信者がいる。そのあたりにいる「株式評論家」とは一線を画す偉大な存在なのである。

人は、目先の動きに左右されがちだ。明日の1万円より今日の1000円と考えてしまう。株式投資でも、株価の目先の上下に一喜一憂する人が多い。

株式投資には「利食い千人力」という格言がある。「株価が上がった、上がった」と喜んでいるだけでは本当の利益を獲得したことにはならない。その株を売って利益を手にして初めて「儲かった」といえるという意味である。株価が上がると「まだ上がるだろう」という気持ちが強くなり、売らずに持っていたら、そこが天井で、以後、株価はどんどん下がり、気づくと買値以下になっていたというケースはよくあることなのだ。

その逆に、株価が下がる局面で、「もう下がらないだろう。いまが底だ」と思って買うとまだまだ下がって失敗するということと合わせた格言が「もうはまだなり、まだはもうなり」である。

ウォーレン・バフェットの株式投資法は、こういった日本古来の格言とも無縁だ。

ウォーレン・バフェット流の富を確実に増やす極意は、以下に紹介するように、いたって平凡。いってみれば、〝究極の正攻法〟ともいうべきものである。

大富豪への近道は「ローリスク・ハイリターン」

投資の世界で重要なのは、理屈ではない。ましてや後付けの解説でもない。論より証拠。儲かったか、損したか。実績がすべてだ。その点、ウォーレン・バフェットの年々の資産は過去12年間で400億ドルを割り込んだのは、リーマン・ショックの影響を受けた2009年だけ。あとは400億ドル以上で推移しており、「確実に儲けてきた達人」である。

バフェット流投資法の特徴は、「ハイリスク・ハイリターン」でも「ローリスク・ローリターン」でもなく、「ローリスク・ハイリターン」。実に「理想的」で、過去の「ポンド危機」や「アジア通貨危機」で大儲けした〝ヘッジファンドの帝王〟ジョージ・ソロスのリスキーな「ハイリスク・ハイリターン」手法とは対照的だ。

「世界長者番付」に顔を出しているヘッジファンド・マネージャーには、ジョージ・ソロスのほかにも、ジェームズ・サイモン76位140億ドル、スティーブ・コーヘン109位114億ドル、ジョン・ポールソン113位112億ドル、デイヴィッド・テッパー121位104億円らがいるが、ウォーレン・バフェットの資産に匹敵する者は現れていない。

「ウォーレン流投資戦略」が、誰にもわかる単純明快な正攻法である点も共感を得ている。コカ・コーラとかＩＢＭといった「優良株」を、株価が安いときに買って長期間〝塩漬け〟にしておく。目先の動きには絶対に左右されないこと。それだけだ。

①信頼できる企業、10年20年経ってもみんながほしいと思う商品をつくっている会社にしか投資しないこと。

②ルール１「絶対に損をしないこと」。ルール２「そのことを絶対に忘れないこと」。

〝投資の神様〟バフェットVS〝ヘッジファンドの帝王〟ソロス

2015年	ウォーレン・バフェット	ジョージ・ソロス
世界長者番付・順位	3位	29位
資産額	727億ドル	242億ドル
生年月日	1930年8月30日	1930年8月12日
	アメリカ生まれ	ハンガリー生まれ
愛称	①オマハの賢人 ②投資の神様	①イングランド銀行を負かした男 ②ヘッジファンドの帝王

これが「２大必勝心得」であるとウォーレン・バフェットはいっている。

世界長者番付2〜4位が定位置

ウォーレン・バフェットの強みは、論より証拠。抜きん出た実績があるということだ。どれくらい凄いかは、「フォーブス」誌の「世界長者番付」のランキングと資産額の推移が物語っている。

２０００年２５６億ドル（４位）↓２００１年３２３億ドル（２位）↓２００２年３５０億ドル（２位）↓２００３年３６０億ドル（２位）↓２００４年４２９億ドル（２位）↓２００５年４４０億ドル（２位）↓２００６年４２０億ドル（２位）

↓２００７年５２０億ドル（２位）↓２００８年６２０億ドル（１位）↓２００９年３７０億ドル（２位）↓２０１０年４７０億ドル（３位）↓２０１１年５００億ドル（３位）↓２０１２年４４０億ドル（３位）↓２０１３年５３５億ドル（４位）↓２０１４年５８２億ドル（４位）↓２０１５年７２７億ドル（３位）。

これだけ数字を羅列しても無味乾燥に感じない魅力がウォーレン・バフェットにはある。21世紀に入ってから2位〜4位をずっとキープし続けてきたことは、奇跡に近い。資産額に多少の変動はあっても、「確実」に増え続けている。こんな人は、ほかにいないのだ。

単純計算をするなら、２０００年にバフェットが買った株に２５６万円を投資して便乗買いしていたら、２０１５年には７２７万円と3倍近くに増えているということだ。

バフェットが教える「人生を豊かにする15か条」

武道では「心技体」の鍛錬・充実・一体化を最重視するが、そのことは株式投資や人生の生き方にもいえることだ。ウォーレン・バフェットには、数え切れないくらいの名言がある。いずれ劣らぬ警句・金言だが、そのなかから15を選んで私流に訳し、見出しをつけてみた。題して「バフェットの人生を豊かにする15か条」。知っておいて損はない。

ウォーレン・バフェットの「大富豪への15か条の成功方程式」

地道に確実に資産を増やすための心得は、誰もが明日から実戦に応用できるので、少し多めにリストアップし、小見出しをつけてみた。

①興奮せず、欲張らず、身の丈で戦え

投資家の大敵は、「興奮」と「資金」だと知っておいて損はない。(Investors should remember that excitement and expenses are their enemies.)

②あせらず、好機の到来を待て

株式市場は見逃しのストライクがないゲームだ。すべての球を打つ必要はない——好球を待っていればいいのである。(The stock market is a no-called-strike game.You don't have to swing at everything ……you can wait for your pitch.)

③人を見る目を養うべし

ウォール街というところは、ロールスロイスに乗る人が地下鉄に乗る人からアドバイスを受ける唯一の場所だ。(Wall Street is the only place that people ride to in a Rolls-Royce to get advice from those who take the subway.)

④無駄なことは聞くな

散髪を必要とするかどうかを床屋に尋ねるような愚かな言動は決してしてはならない。(Never ask a barber if you need a haircut.)

⑤頭がよくても、株で成功するとは限らない

投資というのは、ＩＱ１６０の男がＩＱ１３０の男を負かすゲームではないんだよ。(Investing is not a game where the guy with the 160 IQ beats the guy with 130 IQ.)

⑥ビジネス現場の生きた情報を活かせ

ビジネスマンだからいい投資家でいられるし、投資家であるからいいビジネスマンといえる。(I am a better investor because I am a businessman, and I am a better businessman because I am an investor.)

⑦コツコツ築いた評判を一瞬で崩すな

評価を勝ち取るには20年もかかるが、その評価を失うには5分もあれば十分だ。そう考えることができたら、それまでと違ったやり方をするはずだ。(It takes 20 years to build a reputation and five minutes to ruin it. If you think about that, you'll do things differently.)

⑧先達への感謝の気持ちを忘れるな

今、誰かが木陰に坐って憩えるのは、昔、誰かがその木を植えたからだ。(Someone's sitting in the shade today because someone planted a tree a long time ago.)

⑨無謀なチャレンジは禁物だ

私は、7フィートのバーを跳び越すような真似はしない。周囲を見回し、簡単にまたげる1フィートの高さのバーを捜すだけだ。（I don't look to jump over 7-foot bars:I look around for 1-foot bars that I can step over.）

⑩狭い視野に陥るなかれ

ビジネス界の動きに敏感であろうとするなら、いつでも、フロントガラスから見るよりバックミラーの方から見るべきだ。（In the business world, the rearview mirror is always clearer than the windshield.）

⑪株は5年間のスパンで考えること

私は、「株式市場が、明日閉鎖され、その後5年間、再開のめどが立たない」と想定して株式を買っている。（I buy on the assumption that they could close the market the next day and not reopen it for five years.）

⑫間違った判断を減らす努力をせよ

人生で心がけることは、正しくないことをできるだけ避け、正しいことを少しだけするようにすればいいのである。（You only have to do a very few things right in your life so long as you don't do too many things wrong.）

⑬自分は自分、人は人
他の人たちが熱くなっているときは、その雰囲気に呑まれないようにしなければならない。（You just have to avoid getting excited when other people are getting excited.）

⑭いかなる場面でもクールであれ
「自分を見失うと危険」という警句を胸に刻んでおくことだ。（Risk comes from not knowing what you're doing.）

⑮物事を複雑に考えない習慣をつけるべし
簡単なことを難しく考えてしまうのが、人間の弱さではないだろうか。（There seems to be some perverse human characteristic that likes to make easy things difficult.）

【ウォーレン・バフェット略歴】

1930年……米国ネブラスカ州オハマ生まれ
11歳（1941年）……最初の株式投資（証券会社を営む父の影響）
28歳（1958年）……3万1500ドルでオハマに小さな住宅購入（現在も居住）
32歳（1962年）……繊維会社「バークシャー・ハサウェイ」の株式購入

35歳（1965年）……「バークシャー・ハサウェイ」の経営権取得、投資会社に改変
49歳（1979年）……「フォーブス」誌の世界長者番付に初登場（資産6億2000万ドル）
53歳（1983年）……繊維部門閉鎖、投資専門会社になる
76歳（2006年）……資産の85％（約375億円）を慈善団体に寄付すると発表
81歳（2011年）……初来日

世界ランク4位

アマンシオ・オルテガ

人気ブランド「ZARA」創業者

Amancio Ortega Gaona

衣料関係でトップ資産645億ドル

アマンシオ・オルテガは、ビル・ゲイツやカルロス・スリムと肩を並べる大富豪スペインのアパレルメーカー「インディテックス」の創業者だ。2015年の「世界長者番付」ではウォーレン・バフェットに抜かれて4位に落ちたが、資産額は前年より5億ドル増えて645億ドル（7兆7400億円）。

インディテックスの稼ぎ頭はファストファッションの世界的人気ブランド「ZARA《ザラ》」

で、日本の「ユニクロ」のライバルだ。ファストファッションは、「流行を取り入れながら低価格に抑えた商品を大量生産し、短いサイクルで販売するブランドやその業態」を指し、早くて安いファストフードになぞらえた呼び方として定着した。

「ユニクロ」というブランドの知名度に比べると、社名の方の「ファーストリテイリング」の認知度はイマイチだが、このことは「ZARA」と「インディテックス」の関係にもいえる。ZARAとユニクロの決定的な違いは、ユニクロが「ベーシックファッション」に的を絞っているのに対し、ZARAは「トレンドファッション」に絞っている点だ。ファストファッションという分野ではライバル関係にあっても、狙いが違うので共存できる関係にあるともいえる。

企業のスケールという点では、88か国・地域でビジネスを展開するインディテックスの売上は2兆3500億円（2014年度）で、ファーストリテイリングの倍、株式の時価総額では3倍もの開きがある。

ZARAの日本進出は1997年8月。店舗数（2015年3月末現在）は83で、ユニクロ（810店舗）の約10分の1の規模となっている。

ZARA、H&M、ユニクロはどこがどう違うのか!?

	アマンシオ・オルテガ	ステファン・パーション	柳井 正
長者番付順位	4位	28位	41位
資産額	645億ドル	245億ドル	210億ドル
代表ブランド	ZARA	H&M	ユニクロ
企業名	インディテックス	H&M	ファーストリテイリング
国籍	スペイン	スウェーデン	日本
創業	1975年	1947年	1974年
1号店	1975年	1947年ヘネス 1968年H&M(改称)	1984年6月 広島店
売上	2兆2800億円	2兆1200億円	1兆3829億円
店舗数	88か国6570店	55か国3511店	13か国3015店

※売上および店舗数は2015年度の数字。

トップ5に定着した実力派ビリオネア

インディテックスの創業者アマンシオ・オルテガは、2014年にビル・ゲイツ、カルロス・スリムに次ぐ資産640億ドル(6兆4000億円)で、世界の長者番付の3位につけた。

アマンシオ・オルテガは、2011年に社長の座を譲っているが、インディテックス株の約60%を保有しているので、同社が儲かれば儲かるほどアマンシオの資産は増え続けることになる。

2010年250億ドル(9位)↓2011年310億ドル(7位)↓2012年375億ドル(5位)↓2013年

570億ドル（3位）→2014年640億ドル（3位）→2015年645億ドル（4位）。

「私が巨富を得たという評価であるのなら、金儲けしてやろうというのが目的ではなかったからかもしれない」(If I've made so much money, it's because my objective has never been to make money.)

というコメントにも余裕が感じられる。

いい商品を安くつくって大躍進

2014年11月、ZARAの姉妹ブランドである「ストラディバリウス」の旗艦店が大阪の心斎橋にオープンした。世界に900ある店舗のなかで最大級の売り場面積である。

アマンシオは、1936年にスペインのレオン州で生まれた。鉄道作業員の5人兄弟の末っ子だった。

母親が家政婦をして生活を支え、アマンシオも13歳からシャツ屋の下働きとして働きに出たが、ベンチャースピリットと商才があった。22歳のときに独立。家族と部屋着や下着類を扱う店を開いた後、アパレルチェーンストア「ZARA」を創業、住んでいたコルーニャ市に1号店をオープンするのだ。妻や兄弟も一緒だった。1975年39歳のときのことだ。

そのときアマンシオが考えたのは、「どうすれば、いい商品を安くつくれるか」ということだった。得た結論は、「企画、製造、物流、販売を一貫してやる」。これだった。

そのコンセプトは見事に的中し、「ZARA」1号店の開業から10年後の1985年にスペイン国内に38店舗を展開するまでになり、この年、社名を「インディテックス」としたのだ。

その3年後には、隣国ポルトガルに海外1号店をオープンして成功を収め、フランス、アメリカ、メキシコ、日本などへと進出を続け、店舗数はすでに6000を突破、快進撃が続く限り、アマンシオの資産は増殖し続けるのである。

H&M2代目御曹司はZARAを抜けるか

今では信じられない話だが、日本の繊維製品が「安かろう、悪かろう」と皮肉られた時代があった。しかし今では、どの国でもそんなひどい商品はつくらない。

ZARA、H&M（エイチ・アンド・エム）、ユニクロに代表される「安くてもファッション性がある良い衣類」が「ファストファッション」と呼ばれ、受けに受けている。

ここで、世界ランクは28位とZARAに大きく水を開けられてはいるが、「ZARAに追いつき、追い越せ」と奮闘しているH&Mの創業者ステファン・パーションについても触れたい。

H&Mは、アーリン・パーションが1947年にスウェーデンで「婦人服専門店」を開店したのが始まり。創業から21年目に「マウリッツ・ウィドフォス」という狩猟洋品店を買収、「ヘネス・アンド・マウリッツ」と改称、つまり「H&M」である。

日本に進出したのは2008年。9月に銀座の中央通りに第一号店をオープンし、5000人もの客が押しかけ、話題になった。その2か月後には原宿にも店を出した。

「フォーブス」誌の「2014年版世界長者番付」では、「ZARA」に次ぐファストファッションNo.2のH&Mの2代目CEOだったステファン・パーションは、12位に食い込んだ。

しかし、〝宿命のライバル〟ZARAのCEOアマンシオ・オルテガは、ビル・ゲイツ、カルロス・スリムに次ぐ3位を飾った。

アマンシオ・オルテガの飛躍ぶりに比べると、ステファンはかなり見劣りがする。追えば逃げるだけでなく、逃げ足は加速を重ね、差がどんどん開いているのだ。

両者のここ7年間（2009～2015年）の順位を比較すると、10位と18位、9位と13位、7位と13位、5位と8位、3位と12位、3位と12位、3位と28位。ずっとアマンシオの後塵を拝してきた。そして、資産額の差は次第に開いた。

【アマンシオvsステファン】（２００９年）１８３億ドルvs１４５億ドル⇩（２０１０年）２５０億ドルvs２２４億ドル⇩（２０１１年）３１０億ドルvs２４５億ドル⇩（２０１２年）３７５億ドルvs２６０億ドル⇩（２０１３年）５７０億ドルvs２８０億ドル⇩（２０１４年）６４０億ドルvs３４４億ドル⇩（２０１５年）６４５億ドルvs２４５億ドル。

アマンシオは、２００９年に息子のカールにＣＥＯを譲ったが、代替わりしてもＺＡＲＡを抜くことはできないのだろうか⁉

アマンシオ・オルテガの「大富豪への３つの成功方程式」

①企業は人と責任

インディテックスのビジネスモデルの鍵を握るのは人材だ。(The key part of Inditex's business model is its human capital.)

わが社の企業（コーポレート）文化（カルチャー）は、お客さまに対する革新（イノベーション）と委任（コミットメント）である。(Innovation and commitment towards our customers define our corporate culture.)

②プロ意識を持て

努力はもちろん、プロ根性、モチベーションの３つを伴わなければ、どんな成果も期待できない。

(Companies are comprised of human beings without the effort, professionalism and motivation of whom, no achievement could be made.)

③前進、前進、また前進

自分たちがせっかく切り開いた道を歩いていくのに、制約をもうける馬鹿がどこにいるというのか。(We cannot limit ourselves to continuing on the path we have already opened.)

世界ランク５位

ラリー・エリソン

Lawrence Joseph Ellison

♛ＣＩＡやペンタゴンが得意先の大富豪

米政府の巨大軍事費を背景にＩＴ長者に君臨

「オラクル」の創業者ラリー・エリソンは、〝息の長いＩＴ長者〟だ。

２００８年までは20位にも入っていなかったが、２００９年にいきなり４位（２２５億ドル）に急浮上し、以後、５～６位をキープしている。

２０１０年６位（２８０億ドル）→２０１１年５位（３９５億ドル）→２０１２年６位（３６０億ドル）→２０１３年５位（４３０億ドル）→２０１４年５位（４８０億ドル）→２０１５年５位（５４３億ドル）。

前年を下回ったのは一度だけしかない〝上位安定型ビリオネア〟である。大相撲の力士にたとえるなら、優勝はできないが、毎場所10勝から12勝の勝ち星を上げる安定した強さの大関といえる。

それだけの実力を発揮しながら、ラリー・エリソンという名前はビル・ゲイツに比べて日本人に馴染みが薄い。その理由は、「オラクル」の主力商品が一般向けでなく、業務用だからである。

金づるは軍事用データベース

２０１４年夏、ラリー・エリソンは、カリフォルニア州とネバダ州にまたがるタホ湖畔の邸宅を２０３５万ドル（約21億円）で売った。

「フォーブス」誌は「世界豪邸ランキング」というのも発表しており、それによると、ラリー・エリソンは6位（購入価格2億ドル）である。

1位はインドの財閥ムシュケ・アンバニで、10億ドルもする奇妙な形の超豪邸に住んでいる。孫正義が1億1750万ドルで10位に入っている。

ラリー・エリソンは、アップルの創業者だった故スティーブ・ジョブズと仲がよかった。

オラクルは社名であると同時に、同社のドル箱商品名でもある。

世界初の商用データベース「オラクル」に注目が集まったのは、2001年9月11日の「アメリカ同時多発テロ事件」以降である。

オラクルのデータベースは、ネットを使って連絡を取り合うテロ集団の動きを把握するのに役立つ商品なのだ。CIA（中央情報局）やペンタゴン（国防総省）は大口の得意先である。

国家の安全保障に関わる軍事用の製品は、民生用製品と違って巨額の研究開発費が出る。しかも、CIAが使っているデータベースとなれば、世界の最先端を行く最高水準の技術であり、信用性・信頼性は高く、黙っていても民間企業は買う。国が絡んでいるから、バージョンアップもスピーディだ。ラリーは、「目のつけどころ」が鋭かったのである。加えて、「運」や「タイミング」も味方した。
①目のつけどころ、②先行力、③運、④タイミングのどれかひとつが欠けても、ビリオ

ネアにはなれないということを、ラリー・エリソンは教えてくれる。

出生の屈辱をバネに

ラリー・エリソンは、派手好きだ。ヨットレースに出たり、プライベートジェットの操縦を趣味としたり、京都の南禅寺境内にある「何有荘《かいうそう》」を所有する贅沢な暮らしを満喫しているラリーではあるが、幼少時の境遇は恵まれてはいなかった。

母は19歳のときに私生児としてラリーを生み、親戚に養子に出している。そのことを知るのは12歳になってからだ。

養父は彼を大学に進ませたが、長続きせず、2つも大学を中退している。それでも画期的なデータベースを開発したのだから、頭は悪くないのだ。

私生活ではプレイボーイとして知られ、4度もの離婚歴があるが、その原因は母を捨てた父の血にあるのか、マザーコンプレックスのなせるわざなのか。それは本人にしかわからない。

日本流のモーレツ経営で大富豪に

ラリー・エリソンは、若い頃、日本で働いた経験がある。大学を中退したラリー・エリソンは、1973年、シリコンバレーのアムダールに就職。同社は、IBMをスピンアウトしたジーン・アムダールがその3年前に設立し、1年前から富士通と資本提携していた。そんな関係で、ラリー・エリソンは日本へ出張したのだ。

だがアムダールは、技術的な問題をクリアできずに経営を悪化させ、ラリー・エリソンは解雇。プロ用ビデオ機器などをつくるアンペックスに転職した。同社は、1956年に世界で最初にVTRを商品化した企業である。

人生、何が幸いするかわからない。ラリー・エリソンは、そこで知り合った気の合う仲間2人と語らって、1977年6月16日に起業。自己資金は1400ドル（約38万円）だった。同社は2度、社名変更し、1983年に「神託」を意味する「オラクル」という現在の社名となり、今日に至るのである。

2015年4月上旬、ラリー・エリソンは来日、オラクルが開催したイベント（Oracle CloudWorld Tokyo 2015）で、こう話した。

「日本企業での経験で経営者としての働き方を身につけた気がする。長時間努力を惜しまないトレーニングになった」

ラリー・エリソンは、日本流のがむしゃらな仕事っぷりで成功したが、それほど稼ぎがない時分からスケールのでっかい目立つ遊び方をしてきた。

「とことん働き、とことん遊ぶ」「オンとオフの切り替えが抜群にうまい」のがラリー・エリソンの特徴であり、そういうこともビリオネアになるために必要な条件といえるようだ。

ラリー・エリソンの「大富豪への９か条の成功方程式」

①人生は旅だ。自分の限界を見つける旅なのだ。（Life's a journey.It's a journey about discovering limits.）

②人は夢を追う生き物だと信じて疑わない。私はそうしてきたのだ。（I believe people have to follow their dreams— I did.）

③望みを達成するためには、自分のやることを信じなければならない。（You have to believe in what you do in order to get what you want.）

④ビジネス戦線では、ほかの人のまねをしていたら勝つことなどできない。人より先んじられる唯一の方法は、人とは違っているということだ。（If you do everything that everyone else does in business, you're going to lose.The only way to really be ahead, is to be different.）

⑤「金儲けより」も重要なもの。それは、ずっと一番であり続けることだ。（Being first is more important to me [than earning money].）

⑥革新的なことをやりたかったら、世間から変人呼ばわりされることを覚悟しないといけない。（When you innovate, you've got to be prepared for people telling you that you are nuts.）

⑦働いて働いて働きぬかなければならないときは、今を置いてないと思え。（You have to act and act now.）

⑧ソーシャル・ネットワークは、現代のサービスアプリケーションのパラダイムである。（The social network is the paradigm of the modern service application.）

⑨大業へと人を駆り立てるものは何かといえば、成功を追い求める気持ちはさほどなく、失敗することへの恐怖の方が強い。（Great achievers are driven, not so much by the pursuit of success, but by the fear of failure.）

世界ランク**6**位

コーク兄弟

♛変人だから大富豪？　大富豪だから奇人？

Charles Koch,David Koch

過激な政治思想の石油長者

世界長者番付の上位には、何人かの「常連組」がいる。ビル・ゲイツを筆頭に、〝通信王〟カルロス・スリム、〝投資王〟ウォーレン・バフェットらだが、奇人変人ぶりと過激な右翼思想で全米にその名を知られる〝異色の兄弟富豪〟も、ビリオネアの上位常連組である。

兄と弟の資産額は毎年同じで、その額は年を追って増えており、２０１０年から２０１５年までの兄弟の順位と資産額の推移は、次のとおり。

（順位）24位→22位→12位→6位→6位→6位

（金額）１７５億ドル→２２０億ドル→２５０億ドル→３４０億ドル→４００億ドル→４２９億ドル

２０１３年、２０１４年、２０１５年と順位は同じ6位だが、資産額は確実に増やしており、兄と弟を合算すると８５８億ドルになり、トップのビル・ゲイツ７９２億ドルを軽く超えてしまう。

米国で2番目に大きい非上場会社

兄の名はチャールズ・コーク、弟はデイヴィッド・コークである。

この兄弟、〝考え方が一卵性双生児の大富豪〟としてアメリカでは有名だが、日本では馴染みが薄い。姓からの連想でコカ・コーラの創業者一族のように思われかねないが、コークはコークでもスペルが違っている。

コカ・コーラは〈Coke《コーク》〉で、大富豪のコーク兄弟の方は〈Koch《コーク》〉なのだ。

コーク兄弟の資産の源泉は、オランダ系移民の父の代に創業した会社である。

弟デイヴィッドが、こんなたとえ話をしている。

「すべての始まりは、少年の頃にある。ある日、私の父は私にリンゴを1個くれた。私は、すぐにそれを売って5ドルを得、その金で2個のリンゴを買って、それを10人に売った。次に4個のリンゴを買って、20人に売った。そういうことを、3億ドルの遺産が入る日まで毎日繰り返したのだ」

父の遺産（資産と会社）をベースにして石油関連企業「コークス・インダストリー」に大変身させたのは、兄チャールズの経営的才覚である。チャールズは、弟デイヴィッドを片腕としてビジネスを拡大し、業界に確たる地位を築いたのだ。

同社はアメリカで2番目に大きい非上場会社で、売上高は、10兆円企業に迫る日立の上をいく11兆5000万円（2013年度）に達する。

米国ならではの強者の味方

コーク兄弟の「富豪への成功方程式」は、「コークス・インダストリー」の経営理念として10か条から成る「MBM」としてまとめられている。「MBM」は「Market Based Management」の略で、「マネジメントに基づく市場」とか「市場ベースの管理」と和訳されている。それらは、一見、非の打ちどころがない経営理念だが、5つ違いのこの兄弟、徹底した〝強者の味方〟で、「ティーパーティ」（保守派の草の根運動）の資金源となっているることから、リベラル派からは目の仇にされる存在である。オバマ政権が行った国民皆保険の導入に大反対を唱え、極保守系の草の根運動などに巨額の資金支援を継続的に行う奇人変人として、アメリカでは「超」の字がつく危険分子と見られている。

石油関連企業は、環境保護団体からも環境汚染の元凶としてマークされており、その攻撃をかわすために財団を通じて保守系議員に巨額の献金が行われている。アメリカが、京都議定書に署名しなかったのも、コーク兄弟のロビー活動が影響しているのだ。

コーク兄弟の「大富豪への10か条の成功方程式」

①誠実さ（integrity）
②法的要件の遵守（compliance）
③価値の創造（value creation）
④理念を持った企業家精神（principled entrepreneurship）
⑤顧客中心主義（customer focus）
⑥知識の追求（knowledge）
⑦変化への対応（change）
⑧謙虚さ（humility）
⑨尊敬の念（respect）
⑩達成感の発見（fulfillment）

これらの原理が実際の行動に移されたなら、それらは互いに結合して、かつてないダイナミックでポジティブなカルチャーが創造できるのである。（When put into action, these principles combine to create a dynamic and positive culture.)

遺族の世界ランク位　8・9・11・12位

サム・ウォルトン

一族の結束で成功したウォルマート創業者

Sam Walton

世界一の小売業の〝世界一の富豪嫁〟

米ブルームバーグは、小売り大手「ウォルマート」の株価が、2014年11月13日に年初来高値を更新、同社株を保有する世界一の女性富豪クリスティ・ウォルトンの資産が400億ドル（約4兆6300億円）を突破したと報じた。

親兄弟が一緒に商売をしている家は世界中にいっぱいあるが、「フォーブス」誌の「世界長者番付」の上位に4人も名前を連ねる一家は、ウォルマートを経営するウォルトン家以外にない。

長男　**ロブソン**（1944年生まれ）

次男　**ジョン**（1946年生まれ／飛行機の操縦事故で2005年死去）

長女　**アリス**（1949年生まれ）

3男　**ジム**（1948年生まれ）
次男の嫁　**クリスティ**（1955年生まれ）

創業者サム・ウォルトンは、義父から借りた2万ドルと妻ヘレンと貯めた5000ドルでバラエティストアを買収して、ウォルマートを創業。事業を成功させて1992年に死去したが、息子たちがさらに発展・飛躍させている。

サム・ウォルトンの偉大さは、「Kマート」をまねたちっぽけな町のスーパーを世界最大の小売業にした経営的力量もさることながら、子どもたちが争いをおこすことなく、力を合わせて家業を躍進させるように仕向けた教育者としての力量ではなかろうか。

トップ10を独占した世界最強富豪一族

次男のジョンが存命していた時代のウォルトン家は、親兄弟が世界長者番付のトップ10にひしめき合っていた。

2001年……7位ジム、8位ジョン、9位ロブソン、10位アリス、10位ヘレン
2002年……6位ジム、7位ジョン、8位アリス、9位ロブソン、10位ヘレン
2003年……6位アリス、7位ヘレン、8位ジム、9位ジョン、10位ロブソン

2004年……6位アリス、7位ヘレン、8位ジム、9位ジョン、10位ロブソン

ヘレンは、2007年に死去した創業者サム・ウォルトンの妻である。

「ウォルマート」の株価が最高値をつける半年前に発表された2014年の「世界長者番付」では、ウォルトン一族の資産は以下のとおりだった。

9位　**クリスティ・ウォルトン**　367億ドル

10位　**ジム・ウォルトン**　347億ドル

13位　**アリス・ウォルトン**　343億ドル

14位　**ロブソン・ウォルトン**　342億ドル

4人の資産合計は発表時には1399億ドルだったが、その後の半年で6人で1520億ドルに資産が増え、ビル・ゲイツとカルロス・スリムを足した額よりも多くなったのだから大したものだ。

とどまるところを知らない快進撃

2015年はどうだったか。ウォルトン一族の資産は増えたのか、減ったのか。

8位　**クリスティ**　417億ドル（対前年比＋50億ドル）

9位　**ジム**　406億ドル（+59億ドル）
11位　**アリス**　394億ドル（+51億ドル）
12位　**ロブソン**　391億ドル（+49億ドル）

全員そろって資産を増やしてランクアップし、資産総額はさらに増えて1608億ドルに膨らむという、これ以上はない理想形となった。

米経済誌「フォーチュン」は、毎年、「世界企業番付」を発表しているが、2014年の1位は50兆円に届く売上（4762億9400万ドル）となったウォルマートである。

2位から5位までは石油（ロイヤル・ダッチ・シェル、中国石油化学工業・中国石油天然気集団、エクソン・モービル、BP）が占め、それらを押さえてのトップだから凄いというしかない。日本勢では、トヨタが8位（2564億5500万ドル）が唯一、ベスト20にランクインしているだけだ。

この繁栄ぶりは、「誰のアイデアも挑戦してみよう。うまくいかないかもしれないが、それで会社がダメになるわけではない」という言葉に代表されるサム・ウォルトンの創業理念に負うところ大である。

ウォルトン一族がサム・ウォルトンから受け継いだビジネス流儀は、彼自身の生き方でもある「勤勉・感謝・奉仕の心」だ。それを基本にして10か条にまとめられた「ビジネスを成功に導く社訓」こそが、一族を繁栄に導いている「大富豪の心得」でもある。

サム・ウォルトンの「大富豪への10か条の成功方程式」

①いつも仕事に忠実であること。(Commit to your business.)

②利益はすべての仲間《アソシエイツ》(従業員)と分かち合い、彼らをパートナーとして遇すること。(Share your profits with all your associates, and treat them as partners.)

③パートナーのやる気(モチベーション)を引き出すようにすること。(Motivate your partners.)

④パートナーにはできるだけ隠しごとなど一切せず、互いの気持ちが通い合うようにすること。(Communicate everything you possibly can to your partners.)

⑤仲間がした仕事は、どんな小さなことでも感謝する気持ちを忘れないこと。(Appreciate everything your associates do for the business.)

⑥成功したら、思いっきり自分を褒めるようにすること。(Celebrate your success.)

⑦どんな社員の声にも耳を傾けるように心がけること。(Listen to everyone in your company.)

⑧お客さまの期待以上のことをしようとする心がけを持つこと。(Exceed your customers'

expectations.）

⑨競合相手よりも節約する工夫を心がけること。（Control your expenses better than your competition.）

⑩チャンスの目は人がやろうとしないところにある、と考えること。（Swim upstream.）

世界ランク13位

ベルナール・アルノー

Bernard Arnault

〝カシミヤを着た狼〟LVMHグループ統帥の〝M&A版図拡張術〟

世界最大規模のブランド王国

ファッション誌「ヴォーグ」の凄腕女性編集長と彼女の秘書を描いた「プラダを着た悪魔」という映画があるが、〝世界最大のブランド帝国〟LVMH（ルイ・ヴィトン・モエ・ヘネシー）の総帥ベルナール・アルノーは、〝カシミヤを着た狼〟と呼ばれる男である。

LVMHは持株会社だ。ルイ・ヴィトンはもとより、衣料ではセリーヌ、ジバンシー、香水のゲラン、クリスチャン・ディオール、時計のタグ・ホイヤー、ブルガリ、酒類ではドンペリ、ヘネシーなど60種超の有名ブランドを傘下に擁し、世界最大免税店チェーン「D

ＦＳ」まで持っている。

ＬＶＭＨの連結売上（２０１３年度）は３兆８２６０億円。事業比率は、衣料34％、小売30％、酒14％、香水13％、時計９％となっている。

〝ファッション界の法王〟ともいわれるベルナール・アルノーは、フランス№１の資産家。ファッション業界では、ＺＡＲＡの創業者アマンシオ・オルテガ（スペイン）に次ぐ実力者である。

「フォーブス」誌の「世界長者番付」のここ5年間の順位をチェックしてみると、順位こそ少し下降気味だが、資産額は高値安定している。

２０１０年２７５億ドル（7位）↓２０１１年４１０億ドル（４位）↓２０１２年４１０億ドル（4位）↓２０１３年２９０億ドル（10位）↓２０１４年３３５億ドル（15位）↓２０１５年３７２億ドル（13位）。

この間、円ドル為替レートは、87円台↓79円台↓97円台↓１０５円台↓１２０円台（年間平均）と激しく乱高下しているので、参考までに、為替変動を加味した日本円での資産額の推移を掲出する。

２０１０年２兆４８００億円↓２０１１年３兆４０００億円↓２０１２年３兆２８００億円↓２０１３年２兆７０００億円↓２０１４年３兆３５００億円↓

2015年4兆4600億円。

こういう楽しみ方もあるのだが、どちらで比較するにせよ、ベルナール・アルノーの2015年の資産額は、ファッションブランド界でも抜きん出ていることは揺るがない。シャネルのオーナーで世界ランク133位に並ぶヴェルテメール兄弟（アラン・ヴェルテメール、ジェラール・ヴェルテメール）の190億ドルの約2倍、174位ジョルジオ・アルマーニの76億ドルの約5倍、193位ラルフ・ローレン70億ドルの5倍半である。

豪腕M&Aで急速に版図拡張

ベルナール・アルノーは、ファッションとは縁遠いイメージの土建・不動産屋の倅だ。1971年に大学を出ると親父の建設会社に入るが、1982年に国有化構想を掲げるミッテラン社会党政権が誕生。フランスにいても自由に仕事できなくなるかもしれないと考えて渡米、富裕層向け不動産販売を始めた。

ファッション業界に関心を持つのは、偶然の出来事からだった。乗ったタクシーの運転手と話をすると、「フランス大統領の名前は知らないが、クリスチャン・ディオールなら聞いたことがある」というのを聞いて閃いたというのである。

母国では、ミッテラン政権の国有化構想が2年で頓挫したので、1984年に帰国。その3年後に、ルイ・ヴィトンとモエ・ヘネシーが合併して「LVMH」（ルイ・ヴィトン・モエ・ヘネシー）が誕生するが、内紛で株価が低迷していると知り、野望が芽生えた。ベルナール・アルノーは、アメリカで学んだM&A（企業の合併・買収）手法を活かして、LVMHの株を買い占めて同社会長に納まり、そこから「安く買って、再生し、資産価値を高める」という〝ベルナール流錬金術〟をスタートさせたのである。

「高級ブランド」という共通点に着目

ベルナール・アルノーは、別表「ブランドのコングロマリット〝アルノー帝国〟拡張史」に記したように、誰もがよく知っている世界的な高級ブランドを次々と手に入れてきた。高級ファッションブランドは「強烈な個性が売り物」。ルイ・ヴィトンはルイ・ヴィトン、セリーヌはセリーヌである。それを「高級ブランド」という共通の大きな括《くく》りで「同じ傘の下に結集させる」という大胆な発想をする者は、ベルナール・アルノー以前にはありえなかったのだ。

ベルナール・アルノーは、個性の強い数多くの有名ブランドをどうやってまとめてきた

ブランドのコングロマリット〝アルノー帝国〟拡張史

ブランド（国籍）	ジャンル	買収時期	創業者	創業年	特徴
モエ・エ・シャンドン（仏）	シャンペン	——	クロード・モエ	1743年	ナポレオンも愛飲。フランス最大シャンペンメーカー＆最高ブランド
ヘネシー（仏）	コニャック	——	リシャール・ヘネシー	1765年	コニャックの代名詞
ルイ・ヴィトン（仏）	鞄	——	ジョルジュ・ヴィトン	1896年	LV文字に花星模様の「モノグラムキャンパス」
ドン・ペリニヨン（仏）	シャンペン	1970年	修道僧 ドン・ピエール・ペリニヨン	1668年	モエ・エ・シャンドンがメルシエから買収
MH（モエ・ヘネシー）誕生	折半出資の持株会社	1971年（合併）	キリアン・ヘネシー	1971年	「モエ・エ・シャンドン」＋「ヘネシー」が合併
ディオール（仏）	衣服	1984年	クリスチャン・ディオール	1946年	経営危機にあった親会社を1984年に買収。香水部門はモエ・ヘネシー時代の1966年に買収済み
LVMH（ルイ・ヴィトン・モエ・ヘネシー）誕生	ブランドのコングロマリット	1987年（合併）	会長 アラン・シュバリュ（モエ社長）、社長 アンリ・ラカシエ（LV社長）	1987年	LV（ルイ・ヴィトン）とMH（モエ・ヘネシー）が合併
ヴーヴ・クリコ（仏）	シャンペン	1987年	フィリップ・クリム＝ムーリオン	1772年	エリザベス女王御用達。ロシア皇帝も愛飲
ジバンシー（仏）	衣服	1988年	ユベール・ド・ジバンシー	1952年	オードリー・ヘップバーンが着て有名に
アルノー、LVMHの株式を40％取得	——	1988年	——	——	合併後の主導権争いに乗じ、ギネスと組んで買収
アルノー、LVMH会長に就任	——	1989年	——	——	乗っ取り成功。以後、有名ブランドの買収が加速
ケンゾー（日）	衣料	1993年	高田賢三	1970年	独特の色彩感覚で人気

ブランドのコングロマリット〝アルノー帝国〟拡張史（続き）

ブランド（国籍）	ジャンル	買収時期	創業者	創業年	特　徴
ベルルッティ（仏）	靴	1993年	アレッサンドロ・ベルルッティ	1895年	ウィンザー公、アンディ・ウォーホルが愛用
ゲラン（仏）	香水	1994年	ピエール・ゲラン	1828年	ブルボン王朝御用達。夜間飛行、ミツコなど
セリーヌ（仏）	皮革	1996年	セリーヌ・ヴィピアナ	1945年	子供靴店が出発点
ロエベ（西）	皮革	1996年	エンリケ・ロエベ・ロスバーグ	1946年	スペイン王室御用達
DFS（米）	免税店	1997年	チャールズ・フィーニー、ロバート・ミラー	1960年	LVMH傘下のブランド販売
マーク・ジェイコブス（米）	衣料	1997年（2013年離脱）	マーク・ジェイコブス	1986年	オンワード樫山の支援で創業
ル・ボン・マルシェ	百貨店	1998年	アリスレッド・ブシコー	1852年	パリで最老舗の百貨店
タグ・ホイヤー（瑞西《スイス》）	時計	1999年	エドウアルト・ホイヤー	1860年	F1公式時計（～2003年）
ゼニス（瑞西《スイス》）	時計	1999年	ジョルジュ・アーブル＝ジャコ	1865年	「エル・プリメロ」「キャプテン」「エリート」
シャトー・ディケム（仏）	ワイン	1999年	ソバージュ家→リュル・サリュース家	1593年	〝貴腐ワインの王様〟。ボルドー最古生産者の1つ
クリュッグ（仏）	シャンペン	1999年	ヨーゼル・クリュッグ	1843年	〝シャンペンの帝王〟
エミリオ・プッチ（伊）	衣料	2000年	エミリオ・プッチ	1947年	公爵家出身デザイナー。〝プリントの王子〟
フェンディ（伊）	皮革	2001年	フェンディ夫婦（エドアルドとアデーレ）	1925年	イタリアを代表するファッションブランド
ダナ・キャラン（米）	衣料	2001年	ダナ・キャラン	1985年	1948年生まれのパーソンズ出身のデザイナー
サマリティーヌ（仏）	百貨店	2001年	エルネスト・コニャック	1869年	ボン・マルシェに次ぐパリで2番目に古い百貨店
デビアス（南ア）	ダイヤ	2002年	セシル・ローズ	1888年	発掘・採鉱・流通・加工・卸売を一手に掌握
ブルガリ（瑞西《スイス》）	宝飾・時計	2011年	ソティリオ・ブルガリ	1884年	日本進出は1991年

のだろうか。その点についてベルナールは、ＬＶＭＨを「独立性を維持したファミリー企業の集合体」であると位置づけ、「ブランドの価値を守るには、中央集権化ではなく、分権化が必要で、グループが成長する限り、資産価値は高まり続け、動かせる資金力も増えていく」とし、次のような経営戦略であると語っている。

「ブランド・ビジネスの創造性は、マーケティングに優先する。経営意識が先行すると満足のいく成果など得られない。だから、マーケティングに左右されない強烈な個性のデザイナーを選んでいる。マーケティングを気にするようなデザイナーは、どんなに才能があっても、ブランドに寄与する商品はつくれない。ブランドに革新性をもたらすには、そういう本物のクリエイターが必須なのだ」

ベルナール・アルノーの「大富豪への８か条の成功方程式」

①わがＬＶＭＨグループがやっているのは、グローバル化がもたらすマイナス効果とは正反対のことだ。つまり、イタリアとフランスで生産し、中国に売っている。通常と逆のことをやっているのである。（What we do in our group is the opposite of the bad effects of globalization.We produce in Italy and in France and we sell to China, when usually it's the opposite.)

②顧客主導型の製品は、一般的にいって革新的ではなく、したがって、プレミアムはつけにくい。(Products which are customer driven are usually not innovative.Consequently, it is difficult to charge a premium.)

③ラグジュアリーな商品と私とはきわめて合理的な関係にある。ラグジュアリーな商品は、ラグジュアリーな利幅を生み出せる唯一の領域ということだ。(My relationship to luxury goods is really very rational.It is the only area in which it is possible to make luxury profit margins.)

④わがグループの戦略は、クリエイターを信じることに尽きる。デザイナーは技術者よりも芸術家に近い存在だ。(Our strategy is to trust the creators.Designers are closer to artists than to engineers.)

⑤私は、頻繁にデザイナーに会って製品について議論する。彼らは私にアイデアをプレゼンテーションし、未来に向けた広告キャンペーン、あらゆる新企画を議論する。(I meet the designers very often, we discuss the products, they show me their ideas, we discuss the ad campaigns and every new invention that we can find for the future.)

⑥危機に直面したときは、迷わず市場拡大策を講じてきた。魅力的な新製品をたえず

投入し続けたら、会社がリスキーな状況になることなどないのだ。（Every time there's been a crisis, we've gained market share. We do not put the entire company at risk by introducing all new products all the time.）

⑦世界最高級ブランドであるルイ・ヴィトンは、その高級イメージを守るために、販路拡張に焦ることなく、ハイエンドな商品に絞り込む計画を継続している。（Louis Vuitton, the world's biggest luxury brand in terms of sales, is planning to dampen its expansion worldwide and focus on high-end products to preserve its exclusive image.）

⑧成功の秘訣は、次の２つにかかっている。永遠と最新性。（The key to success is this duality—timelessness and the utmost modernity.）

ベルナール・アルノーの略歴

1949年3月5日生まれ

22歳（1971年）……国立理工科大学（エコール・ポリテクニーク）卒業

父の経営する建設会社に入社

33歳（1982年）……渡米、建設・不動産事業開始

35歳（1984年）……帰国、ディオールの親会社買収
39歳（1988年）……LVMHの株式40％取得、ジバンシー買収
40歳（1989年）……LVMHの会長就任
45歳（1994年）……ゲラン買収
47歳（1996年）……セリーヌ、ロエベ買収
48歳（1997年）……DFS（免税店チェーン）買収
50歳（1999年）……タグ・ホイヤー、ゼニス買収
52歳（2001年）……フェンディ買収
53歳（2002年）……デビアス買収
62歳（2011年）……ブルガリ買収

世界ランク **18**位

シェルドン・アデルソン

〝カジノ王〟のギャンブル的経営術

Sheldon Adelson

孫正義にコンピュータ見本市を売って躍進

２０１１年にオンエアされたソフトバンクのＣＭに、ＳＭＡＰが登場し、お父さん犬が噴水のマーライオン像という設定のシンガポール編があった。全編に１９６２年の大ヒットＰＯＰＳ「ロコモーション」が流れ、３棟の高層ビルのテッペンに船がある奇抜な形のホテル「マリーナ・ベイ・サンズ」が舞台となっていたＣＭである。

そのホテルのオーナーが〝カジノの大富豪帝王〟シェルドン・アデルソンで、孫正義とは知り合いだった。

孫は、シェルドンが１９７９年以来所有していたコンピュータ見本市ＣＯＭＤＥＸ（コムデックス）を１９９５年に８億６２００万ドル（約９７３億円）で買っているのだ。

２０１４年版長者番付で〝日本の大富豪№１〟孫の資産は１８４億ドルで世界42位、シェルドンはその倍の３８０億ドルで８位だった。

２０１５年は、シェルドンは18位にランクダウンしたが、資産３１４億ドルは堂々たるものである。孫正義も資産を43億ドル減らし、141億ドルで75位へダウンしたものの、〝メディア王〟ルパート・マードックの139億ドルを凌ぎ、日本人でも41位の柳井正の202億ドルに次ぐ2位につけている。

シェルドン・アデルソンのビジネスの特徴は、手がけた事業に付加価値をつけて高く売り、手にした資金で、得意なジャンルでもっと大きな規模の事業にチャレンジすることである。

次は日本のカジノ解禁に照準

〝カジノ大国〟のトップはアメリカで、市場規模は600億ドル。2位はマカオで、510億ドルだ。日本でもカジノ解禁の動きがある。東京・大阪と10地方都市でカジノが開設されると400億ドルが見込め、3位になるとの予測がある。

シェルドン・アデルソンはその情報を掴むと、日本進出に強い意欲を示し、2014年2月に都内で記者会見を開き、「パートナーを組むなら、孫正義がいい」とまで話した。

シェルドン・アデルソンが、ラスベガスの老舗「サンズ・カジノ」を1億2800万ドルで買収してカジノ産業に参入したのは1988年のことだが、カジノ経営は、シェルドンの肌に合っていた。そこから大富豪への躍進が始まるのだ。

シェルドン・アデルソンは、1991年に出かけた新婚旅行先のイタリアで、ベニスをモチーフにした新しいカジノホテルの構想を得ると、1995年に孫正義にコムデックスを売って得た金で「サンズ・カジノ」を解体、巨大ホテル「ベネチアン・リゾートホテル・カジノ」を1999年に新規オープンさせたのである。

2004年に株式を公開すると、株価は高騰、資産が3倍半に膨らんだ。

2007年に24億ドル（約2700億円）で世界最大級カジノホテルをマカオにつくり、資産265億ドルとなって、この年の「世界長者番付」6位に大躍進。2010年には冒頭に書いた「マリーナ・ベイ・サンズ」をシンガポールにオープンする。驀進し続けるその姿は、まるで蒸気機関車「ロコモーション」そのものだ。

カジノ産業に参入することは誰にもまねのできることではないが、シェルドン・アデルソンの「一見、ギャンブルに見えるきっかけの掴み方」とか、「大富豪への成功方程式」は、起業を夢見る者には大いに参考になるのではなかろうか。

シェルドン・アデルソンの「大富豪への6か条の成功方程式」

①確実であることが何よりも重要だ。ビジョンを描き、間違いないと確信したら、実行せよ。（Authenticity is so important to us. Create a vision. Identify it and go for it.）

②あらゆるビジネスに共通することは、どれくらい継続させられるか。どうすれば現状を変えられるかということだ。（I look at every business and ask, how long can this last? How can I identify the status quo and change it?）

③人と違うようにするだけだ。ほかの人がやらない方法で人生に関わることをせよ。（Just do things differently. Just do things in life the way other people don't do that.）

④起業家《アントレプレナー》に必要なのは、リスクとは報酬であり、報酬とはリスクであるとする考え方だ。（Describing entrepreneurship you have to say that risk is reward and reward is risk.）

⑤誰も私を助けくれなかった。すべて自力でやるしかなかったのだ。（Nobody ever helped me. I had to do everything on my own.）

⑥見本市《トレード・ショー》には成長商品の種が転がっている。（The trade show is the seed for the industry's growth.）

番外
エイケ・バチスタ
〝ジェットコースター大富豪〟
Eike Batista

1年で「天国から地獄へ」大転落

ビル・ゲイツの〝不動のビリオネアNo.1神話〟を揺るがせ、2010年に抜き去ったのは、前述したようにラテン系ビリオネアの〝メキシコの通信王〟カルロス・スリムだった。しかも彼は、以後4年間も首位を守った。

その間の2010年、ランク圏外からいきなり8位に資産270億ドルの〝ラテン系新星〟が出現したことがある。〝ブラジルの石油王〟エイケ・バチスタだった。自身の名前の頭文字をつけた企業グループ「EBX」の総帥エイケは1956年生まれ。歌手マドンナと親交があり、父は鉱山大臣を務めた名門の出。妻は雑誌「プレイボーイ」のモデルという派手派手しさだ。

エイケの上に居並ぶのは、1位カルロス・スリム535億ドル、2位〝世界最強長者〟ビル・ゲイツ530億ドル以下、3位〝投資の神様〟ウォーレン・バフェットらで、前後は7位の〝ファッション帝国の法王〟LVMHのベルナール・アルノーと9位の〝ZAR

A帝国の支配者〟インディテックスのアマンシオ・オルテガという顔ぶれだった。

２０１１年8位３００億ドル、２０１２年7位３００億ドルと快進撃を続け、エイケは、押しかけるメディアに豪語した。

「自分の次の目標は、カルロス・スリムだ」

エイケの事業は絶好調。「フォーブス」誌発売後も資産を増やし、３４５億ドルに達した。だが、それが天井だった。7位にランキングされてから1年とたたないうちに、状況が急変。そのさまは、ジェットコースター。世界のメディアは、こぞって報じた。「史上最速の没落」「資産の99％以上が消えた」「稀代の錬金術師、退場」「３兆４０００億円喪失の大富豪」……。そして２０１４年9月、司法当局に資産を差し押さえられ、破産。エイケは、新星は新星でも超新星だったのだ。大爆発し、消失してしまった。

こんな大富豪もいるのだ。世界長者番付の上位を守り続けることがどれくらい大変か何ページも費やしなくても、エイケ・バチスタの例をあげればすむのである。

第2章

伝説の大富豪たちの「一攫千金の法則」

貧乏人が富豪になれる千載一遇のチャンスは、戦争、産業革命など「時代の大きな変わり目」に訪れることを歴史が教えている。典型的な例は、18世紀から19世紀にかけてのアメリカ。欧州から新大陸へ渡った貧乏人が、南北戦争、独立戦争といった「時代の潮目」を鋭く読んで巨利を得、伝説の大富豪への階段を駆け上ったのだ。ロックフェラー（石油）、メロン（不動産）、カーネギー（鉄鋼）、デュポン（爆薬）、ノーベル（爆薬）、アスター（ホテル）、ケネディ（政界）、ヴァンダービルト（鉄道）、ハースト（新聞）、ダッソー（航空機）、クルップ（大砲）などだ。アメリカ以外でも、ロスチャイルド（金融）、オッペンハイマー（ダイヤモンド）らが海外に雄飛し、時代の潮目を読んで成功している。その流れは20世紀になっても変わらず、オナシス（造船）、ハワード・ヒューズ（航空機）などの大富豪が現れた。

大富豪伝説１

ジョン・ロックフェラー

人類史上空前の巨富を成す秘訣とは⁉

John Davison Rockefeller

世界最大財閥の資産は20兆円

「史上最大の大富豪は誰か⁉」

といえば、〝石油王〟ジョン・Ｄ・ロックフェラーをおいてほかにあるまい。彼が「ロックフェラー財団」を創設した１９１３年当時の資産は、９億ドルだったのである。

今から１００年も前の９億ドルは、消費者物価指数などの推移から考えて、現在の貨幣価値では２０００倍は下らない。日本企業の売上規模（２０１４年度）と比較すると、日立の２倍、キヤノンの６倍、楽天なら40倍という途方もない金額だ。

〝ロックフェラー財閥の開祖〟となったジョン・Ｄ・ロックフェラーは１８３９年生まれで、１９３７年に没した。97歳まで長生きしたのである。日本の元号でいうと、江戸時代の天保年間から明治、大正を経て昭和12年没だ。

彼が92歳だった昭和７（１９３２）年の人気少年雑誌「キング」（大日本雄辯會講談社）は、新年号付録「偉人は斯《か》く教える」のロックフェラーの項の冒頭に次の言葉を太字で記した。

「殖《ふや》さなければ減るのが金の性質である。」

その後の文章も紹介しよう。

《現代で一番よく致富の術を心得てゐる人の一人は、ロックフェラーである。尤も彼は単なる金貯め機械ではない。

『うんと稼ぎ、うんと貯め、うんと寄附せよ』

それが彼の一生のモットーであった。だから月給二十五圓の番頭時代から、彼は月々キチン〳〵と貯金すると同時に、毎週二銭づつ、教會に寄附することを忘れなかった。彼が一生のうちに稼いだ五十億圓のうち、三十億圓は寄附して、今の財産は二十億圓と言われる。》

成功は自分を信じる先にある

「事業の成功に奇跡はない。永遠の成功は、自分を信じることだ」

といったジョン・ロックフェラーは、5人の子に恵まれたが、男は末っ子だけだったから、家督相続はすんなりいった。

その子がジョン・ロックフェラー2世として2代目当主を継いだのである。ロックフェラーセンターを建て、ロックフェラー財団を創設したのは、この人物である。2世は、上院議員ネルソン・アルドリッチの娘と1901年に結婚、2〜3年間隔で次々と子どもを設けた。こちらは親と逆で、息子5人に娘1人だった。

長男のジョン・ロックフェラー3世が後を継ぎ、3代目当主となったが、72歳のときに交通事故死してしまった。その結果、3世の長男が4世を襲名するのだが、ややこしいことが起きた。財界の大物になっていた4世の叔父が一族の権力を実質的に握ってしまったことで、確執が生じたのだ。

4世は1937年生まれ、叔父は1915年生まれで22歳の年齢の開きがあるが、どちらも星座は双子座。しかし、相性は悪かったのである。

叔父の名は、デイヴィッド・ロックフェラー。4世の父の末弟である。ハーバード大学を卒業後、シカゴ大学で博士号を取得し、1981年までチェース・マンハッタン銀行のCEOを務めた財界の超大物で、自らを「ロックフェラー家の第4代当主」といってはばからない。

4世の方は、日本のICU（国際キリスト教大学）に留学経験がある親日家で、穏やかな性格だが、叔父のデイヴィッドは「帝王」タイプ。そりが合わず、4世は「自分が当主だ」といい続けている。

大輪のバラは他のつぼみを犠牲にする

ロックフェラー家の実権掌握者デイヴィッド・ロックフェラーは、2014年に日本で殺されかけた。日本版Wikiが「8月5日死去」と誤記したのである。

デイヴィッドが生まれたのは、第一次世界大戦が始まった翌年の1915年6月12日。それからちょうど99年目に当たる2014年6月12日、ニューヨーク市郊外のウエストチェスターにあるデイヴィッドの豪邸で、誕生パーティーが催され、ロックフェラー一族が大勢、お祝いに駆けつけた。

予期せぬ事件が起きたのは、その翌朝だった。

デイヴィッドの次男の富豪医師リチャードが、自家用飛行機を操縦してメーン州の自宅に戻ろうとして、濃霧で視界を失い、墜落死したのだ。享年65歳。

〝ロックフェラー財閥の開祖〟ジョン・D・ロックフェラーは、子孫にこう伝えた。

「チャンスはいつまで続くかわからない」

「人に任せられる仕事は自分でするな」

だが、曾孫のリチャードはそれを守らず、自分で飛行機を操縦し、取り返しのつかない結果を招いてしまったのだった。

ジョンは97歳まで生きたが、子どもの頃、庭いじりが大好きだった父を見て、こう思ったといっている。

「アメリカン・ビューティーという真紅の大輪のバラは、まわりのつぼみを犠牲にして美しく咲き誇るのだ」（The American Beauty can be produced in all its splendor only by sacrificing the early buds that grow up around it.）

この言葉は至言である。大富豪という栄誉を手にする裏には幾多の犠牲者がいるという意味で、中国の故事でいえば「一将功成りて万骨枯る」（一人の将軍の成功の陰には、多くの部下の戦死がある）に該当する。

ジョンの父は、詐欺師まがいの薬の行商人で、女にもだらしなく、息子に「抜け目のない人間になれ」とよくいったが、母はバプテスト（プロテスタント最大の宗派）の敬虔な信者で、いつも「金を無駄にするものは、金に泣く」と息子に説いていた。

デイヴィッドの年齢はすでに祖父ジョン・ロックフェラーの年齢を超えたが、大輪の花にも例えられるその強靭すぎる生命力が、もしかすると、わが子リチャードの生命力を奪ったのかもしれない。そんな気がしないでもない。

アメリカの伝説の大富豪たち

	アスター	デュポン	ヴァンダービルト	モルガン	カーネギー	ロックフェラー	メロン
呼称	不動産王	化学王	鉄道王	金融王	鉄鋼王	石油王	金融王
特徴	米国初の大富豪	死の商人	米英戦争で政府の御用商人	最高神（ジュピター）モルガン	世界屈指の慈善事業家	反ユダヤ系	政治権力と結託「ヘリテージ財団」創設
始祖	ジョン・ジェイコブ・アスター（1763〜1848）	エルテール・イレーネ・デュポン（1771〜1834）	コーネリアス・ヴァンダービルト（1794〜1877）	J・P・モルガン（1837〜1913）	アンドリュー・カーネギー（1835〜1919）	ジョン・D・ロックフェラー（1839〜1937）	トーマス・メロン（1813〜1908）
出身	ドイツ系	フランス系	オランダ系	イギリス系	スコットランド系	米国出身	アイルランド系
創業	1786年（毛皮商）	1802年（火薬工場）	1810年（フェリー業）	1860年（JPモルガン&カンパニー）	1865年（鉄鋼会社）	1870年（スタンダード・オイル）	1870年（メロン商会）
富豪への契機	毛皮商の儲けで不動産業に進出	南北戦争で巨利	16歳のとき母からもらった100ドルでフェリー業。鉄道業へ	戦費調達で暴利（南北戦争の北軍、普仏戦争で仏軍）	1870年にカーネギー鉄鋼会社創設、1890年代に世界最大高収益	石油市場を独占、米国初のトラスト結成	南北戦争後、ピッツバーグで不動産・銀行業「メロン父子銀行」

ジョン・D・ロックフェラーの略歴

1839年7月8日生まれ
18歳（1857年）……物品委託会社に入社（記録係）
20歳（1859年）……友人と物品委託会社を設立（資本金4000ドル）
22歳（1861年）……南北戦争始まる
26歳（1865年）……南北戦争終わる
31歳（1870年）……スタンダード・オイルを設立
33歳（1872年）……製油会社を次々買収（26社中22社）
43歳（1882年）……スタンダード・オイル・トラストを設立

51歳（1890年）……シャーマン・反トラスト法が成立
58歳（1897年）……事実上、引退
72歳（1911年）……スタンダード・オイル・トラスト、34社に分割
74歳（1913年）……資産9億ドル。ロックフェラー財団を創設
97歳（1937年）……死去

大富豪伝説2

ロスチャイルド

最強大富豪の世界支配のきっかけとは⁉

Rothschild

〝ダビデの星〟5人兄弟の血の結束

ロックフェラーとくれば、ロスチャイルド。この両者が〝史上空前の東西大財閥〟である。ロックフェラーがアメリカが舞台なのに対し、ロスチャイルドは西欧を舞台に金満地盤を築いた。隠し財産を含めると、ロスチャイルド家の資産は天文学的数値となり、もはや算定不能。それくらいの資産があるはずだ。

趣味や道楽で金儲けするのは昔も今も難しいが、ロスチャイルド家の富豪への糸口は、

趣味の世界だった。

ロスチャイルド財閥の開祖マイヤー・アムシェルは、古銭商をなりわいとしていたが、古銭収集を趣味とした王侯貴族の城に出入りしているうちに気に入られ、資金運用を任されるのだ。これが財閥への端緒。三段跳びでいえば「ホップ」に相当する。

マイヤーは、「情報」を重視した資金運用に成功して事業の間口を広げた。これが「ステップ」である。

だが、ひとりでやれる範囲は限られている。5人の息子と自分を六芒星〝ダビデの星〟に重ね合わせ、「ロスチャイルド父子商会」を1810年に設立した。

そしてフランクフルト、ロンドン、パリ、ウィーン、ナポリの主要5拠点に〝ロスチャイルド家のダビデの星〟を形成する5人の息子を配して、欧州全土にまたがる銀行網を構築し、リーダー格はロンドンを拠点にした3男ネイサンとしたのである。これが「ジャンプ」だ。

結束の証しは「赤い盾」と「青い血」

大富豪への道は複雑であってはならない。

相場の世界では、情報を制した者が勝利し、巨富を得る。ロスチャイルド家の「富豪へのストラテジー」はこれに尽きた。

マイヤーの読みはズバリ的中した。一族の結束を誓った5人の希望の星は、ネットワークを駆使して情報を先取りし、ナポレオン戦争に乗じて金融市場を手玉に取って莫大な利益を獲得、最強の金融王国へと羽ばたくのだ。

1822年、5人の兄弟は、従来の「赤い盾」に変わる「5本の矢を束ねた」新しい紋章をつくり、結束の誓いを新たにした。

だが今日、フランクフルト、ウィーン、ナポリの3家は断絶、ロンドン、パリの両家が子孫を増やし、世界の経済・政治の中枢に深く関わっている。

3家が滅んだのは、同族結婚による「青い血」が原因といわれている。

成り上がった者ほど〝高貴な血〟を求めたがるが、高貴な血には危険が伴う。高貴な一族の血脈をたどると、遠い昔に危険な血族結婚を繰り返していることも多く、その危険なDNAがいつなんどき表れないとも限らないからだ。

日本とロスチャイルド家の縁

時代は移り、1902年。日本は英国と同盟を結んだ。ロシアの進出を阻むという共通の利害が一致したのだ。

大国ロシアは、新興国の日本を軽く見て満州、朝鮮へと侵略する南下政策を遂行するが、「そうはさせぬ」と日本が立ち塞がり、戦争が避けられなくなった。だが日本にはカネがなく、戦争国債を発行し、それを売って戦費を調達するしかなかった。

困っている大蔵大臣の高橋是清に救いの手を差し伸べたユダヤ人がいた。クーン・ローブ商会の総帥ジェイコブ・シフ。クーン・ローブ商会はロスチャイルド財閥の金庫番である。ジェイコブは、日本が3回にわたって募集した戦争国債を引き受け、計7200万ポンドを提供したのだ。

当時の為替レートは「1ポンド約10円」だったから、7億2000万円である。その頃の陸軍大将の月給は250円で、今なら250万円に相当する。つまり、1万倍になっているので、今日の貨幣価値にすると7兆2000億円を融通してくれたことになる。

ロスチャイルド家がこんな大金を出して日本を助けた理由は、ロシアがユダヤ人を迫害していたからだ。

ロスチャイルド家と日本人の絆

ロシアでは日露戦争中に革命が起き、戦争どころではなくなって日本の勝利に終わる。日本の勝利に貢献したジェイコブは、戦後、国家的感謝の意を込めた勲一等旭日大綬章を明治天皇から贈られた。

さらに時代は進み、ヨーロッパが第二次世界大戦下にあった1940年7月18日早朝、ナチスに占領されたポーランドからリストニアに逃亡してきた大勢のユダヤ難民が、国外脱出のビザの発給を求めて、日本領事館の前に列をなしていた。

その様子を見た領事代理の杉原千畝《ちうね》は、一刻の猶予もならないと考え、館内へ招き入れ、次々とサインしてビザを発行し続けた。その数は、6000通に達した。

そうやって生き延びたユダヤ人の中には、ロスチャイルド一族もいたのではなかったか。千畝の行為には、億や兆のカネには換えがたい日本人の真心があったといえないだろうか。

ロスチャイルドの「大富豪への10か条の成功方程式」

①人生の競争にあたって勇敢なれ。
②事に臨んで機敏になれ。
③充分に考え而《しか》して速やかに決断せよ。
④進むに大胆なれ。
⑤巧みに時を使用せよ。
⑥自己の人物を実際以上に装ふべからず。
⑦強き酒を飲むな。
⑧忍耐よく困難に堪《た》へよ。
⑨決して失意すること勿《なか》れ。
⑩僥倖《ぎょうこう》を恃《たの》みとするな。　※僥倖は「偶然の幸運」

斯《か》くして精励《せいれい》せば成功は期せずして得らるべし。

（大正6年発行『一身一家　商人職工之寶典』の「ロスチャイルドの金言」より）

欧米巨大財閥対決　ロスチャイルドVSロックフェラー

	ロスチャイルド系企業	ロックフェラー系企業
石油	ロイヤル・ダッチ・シェル、BP	エクソン・モービル（旧スタンダード石油）
銀行	ソロモン・ブラザーズ	シティグループ、モルガン・スタンレー、チェース・マンハッタン
証券	ゴールドマン・サックス	メリル・リンチ
自動車	フォード、ルノー	GM
航空機	ロッキード・マーチン、ダッソー	ボーイング
食品	コカ・コーラ、ネッスル、ブルックボンド、ユニリーバ	ペプシコ
新聞	ニューヨーク・タイムズ、ザ・サン	ウォール・ストリート・ジャーナル
放送	米3大ネットワークABC、BBC、CBS	NBC
通信	トムソン・ロイター、	AP
電機	ウェスティングハウス、AT&T	GE、IBM
その他	デビアス、フィリップ・モリス（タバコ）	

大富豪伝説3
メロン財閥
ヒラリー・クリントン嫌いのアメリカ3大財閥

Mellon

不動産投資で財を成す

メロン財閥は日本では馴染みが薄いが、アメリカではモルガン、ロックフェラーに次ぐ「3大財閥」としてよく知られた存在だ。

この3つにデュポンを加えると、アメリカの「4大財閥」になる。4大財閥の創始者を生年月日順に並べると、次のようになる。

エルテール・イレーネ・デュポン　1771年6月24日〜1834年10月31日
トーマス・アレキサンダー・メロン　1813年2月3日〜1908年2月3日
ジョン・ピアポント・モルガン　1837年4月17日〜1913年3月31日
ジョン・デイヴィソン・ロックフェラー　1839年7月8日〜1937年5月23日

デュポンが死んでから180年、ロックフェラーが死んでから80年近い歳月が流れ、彼らの資産は、遺族、グループ企業、財団が継承した。ロックフェラーの今日の資産は5000億ドル（約60兆円）といわれ、モルガングループの売上高は約2兆6000億ドル（約３１２兆円）という途方もない数字になっている。

５歳のときに家族と渡米

メロン財閥の創始者は、トーマスである。前記の如く、誕生日と死亡日が同じなのは、この人だけだ。

「フォーブス」誌の「２０１４年版一族長者番付」では、メロン一族は19位にランクされている。

トーマス・メロンが北アイルランドからアメリカに渡ったのは１８１８年。５歳の頃だから、当人はその頃のことをほとんど覚えてはいまい。

トーマス・メロンは、大学を終えると弁護士事務所で働いたが、南北戦争後に不動産投資を始めて大金を得た。そして、その金でメロン銀行（現バンク・オブ・ニューヨーク・メロン銀行）を設立。それを息子のアンドリューが引き継ぎ、石油、鉄鋼、造船などの分野に事業を拡大し、第一次世界大戦でぼろ儲けしてメロン財閥を築くのである。

アンドリュー・メロンは政治に野心を抱いた。共和党への多額の献金をした見返りとして、１９２１年にハーディング大統領の財務長官として入閣を果たすのだ。だが、経済政策に失敗、1929年の世界大恐慌を招いた。

初代トーマスがアメリカの土を踏んでから200年近い時を経た今日、富豪のメロン一族は200人に増え、彼らの資産合計は120億ドルになっている。財閥としてはスケールダウンしてしまったが、それでも並の資産家とは異なっている。

ヒラリー・クリントンの天敵

一族の長老でメロン家の4代目当主だったリチャード・メロン・スカイフは、ペンシルベニア州ピッツバーグの豪邸で2014年7月4日に昇天した。82歳だった。

その死をひそかに誰よりも喜んだ政治家がいた。2016年の次期大統領選に出馬するヒラリー・クリントンである。リチャード・メロン・スカイフは熱烈な共和党支持者で、民主党の大統領だったビル・クリントンの女性スキャンダルを表面化させた仕掛け人であり、彼の妻であるヒラリーをも天敵視し、大金を投じてネガティブ・キャンペーンを展開した人物だったからだ。

石原慎太郎が都知事だった2012年4月、米政策機関「ヘリテージ財団」主催のシンポジウムで尖閣諸島を都が所有者から買い取ると発言し、それを受けて国があわてて買い取ったという経緯があるが、リチャードはその財団の巨額出資者でもあったのだ。

フランクリン流「富豪への徳目13か条」を実践

メロン財閥の創始者トーマス・メロンは、14歳のときに〝アメリカ建国の父〟ベンジャミン・フランクリンの伝記を読んで感銘を受け、そこに書かれた13か条を忠実に実行して富豪になった。その13か条は、人として生きていくうえでも重要な戒めである。

ベンジャミン・フランクリンの「徳目」13か条(Benjamin Franklin's 13 virtues)

①節制　頭の回転が鈍るまで食べるな。ぐでんぐでんになるまで飲むな。(Temperance: Eat not to dullness; drink not to elevation.)

②沈黙　自分にも他人にも無益なことを口にするな。くだらない会話を避けよ。(Silence: Speak not but what may benefit others or yourself; avoid trifling conversation.)

③規律　持ち物は場所を決めて置け。仕事は時間配分を決めてからかかれ。(Order: Let all your things have their places; let each part of your business have its time.)

④決断　やるべきことを実行する決意をせよ。決意したら、しくじらずに行え。（Resolution: Resolve to perform what you ought; perform without fail what you resolve.）

⑤節約　自分にも人にも役立たないことに金を使うな。つまり、浪費はするな。（Frugality: Make no expense but to do good to others or yourself;i.e., waste nothing.）

⑥勤勉　時間を無駄にするな。つねに有益なことをせよ。不必要な行動は控えよ。（Industry: Lose no time. Be always employed in something useful; cut off all unnecessary actions.）

⑦誠実　策略で人を傷つけるな。良心に恥じないよう公正に判断し、口を開くときは話す内容にふさわしい話し方をせよ。（Sincerity: Use no hurtful deceit;think innocently and justly,and, if you speak, speak accordingly.）

⑧正義　他人の利益を邪魔したり、与えるべき利益を与えないなどして他人に損害をもたらすな。（Justice: Wrong none by doing injuries, or omitting the benefits that are your duty.）

⑨中庸　極端に走るな。不当に傷つけられ、憤って当然のときもじっと耐えろ。（Moderation: Avoid extreams; forbear resenting injuries so much as you think they deserve.）

⑩清潔　体、服、住まいを不潔にするな。（Cleanliness: Tolerate no uncleanliness in body, clothes, or habitation.）

⑪平静　ささいなこと、ありふれた、避けがたい事故で取り乱すな。（Tranquility: Be not

disturbed at trifles, or at accidents common or unavoidable.）

⑫純潔　性の交わりは、健康のためか子づくりのためにだけ行え。無闇にふけって、頭脳を鈍らせ、心身を弱らせ、自分や伴侶の平和ないしは信用を損わないようにせよ。（Chastity: Rarely use venery but for health or offspring, never to dulness, weakness, or the injury of your own or another's peace or reputation.）

⑬謙譲　イエスおよびソクラテスを見習え。（Humility: Imitate Jesus and Socrates.）

大富豪伝説 4

アンドリュー・カーネギー

Andrew Carnegie

チャンスを見逃さなかった大富豪

貧しいからこそ大富豪になれる

アンドリュー・カーネギーは、1835年にスコットランドで生まれ、1848年13歳のときに新天地アメリカへ家族で移民し、一代で財をなした。

大富豪になる秘訣を尋ねられると、彼はこういった。

「金持ちになるには貧しい家に生まれることだ」（Children of honest poverty have the most precious of all advantages over those of wealth.）

「自分は貧しい」「自分には能力がない」などと思ってしまえば、マイナスエネルギーしか発生しないが、そのことをバネに努力すればプラスエネルギーに転じるという前向きな考え方である。朝寝などせず、コツコツと働いて貧しさから脱出しようとする頑張りが、大富豪を目指す不屈のモチベーションになるとアンドリュー・カーネギーはいっているのだ。

アンドリュー・カーネギーが最初にありついた仕事の賃金は週給1ドル20セントだったが、17歳のときにペンシルベニア鉄道の西部管区長トーマス・スコットという人と出会い、飛躍のきっかけを掴んだ。

トーマス・スコットに目をかけられて、アンドリューの実業の才が一気に開花する。株への投資も教えてもらい、次第に財を増やして、やがて鉄橋会社を興すのである。

目のつけどころが鋭いか

富豪になるかならないかのポイントは「目のつけどころ」だ。

アンドリューの父は、イギリスの産業革命で織物職人の仕事を失ったが、アンドリューは南北戦争を活かした。鉄橋事業を通じて「鉄」の重要性に気づき、鉄鋼会社を設立、大儲けし、1890年頃には年収200万ドル、資産3000万ドルに達するのだ。

アンドリューは、同時代人でライバルでもあった大富豪モルガンに4億8000万ドルで会社を売り、世界最大の鉄鋼会社「USスチール」が1901年に誕生する。

そのときモルガンに「君が世界一の富豪だ」といわれたアンドリューは、

「成功には何のトリックもない。私は私に与えられた仕事に全力をつくしてきただけだ」

と述懐し、有名な言葉を口にする。

「巨富を残して死ぬのは恥ずかしいことだ」(The man who dies rich, dies disgraced.)

後半生を慈善事業に振り向ける決意をし、それを忠実に実行するのだ。この点が他の富豪と異なる。

大富豪哲学「人のために財産を使え」

アンドリュー・カーネギーは1919年8月に83歳で没し、遺言状が公開された。

そこには、3億5000万ドルを慈善事業に寄付するとあった。

遺言に従って、図書館、大学、研究所、病院、公園などがたくさん建てられた。そんなアンドリュー・カーネギーを後世の伝記作家は、「人のために財産を残した世界一の富豪」と呼んだ。

蛇足になるが、私がカーネギーという名前を知ったのは1963年だった。「硝子のジョニー」などのヒット曲を出していたアイ・ジョージが、日本人歌手で初めてカーネギーホールの舞台に立つというラジオのニュースを耳にしたのだが、カーネギーホールはアンドリュー・カーネギーが56歳だった1891年にオープンしていたのだ。「富の福音」と題した論文を雑誌に発表した2年後のことである。

この論文で示された**「莫大な富を得た者は、慈善事業として寄付をする」**という考え方は、ビル・ゲイツやウォーレン・バフェットらに多大な影響を与えた点でも重要である。

ビル・ゲイツは、妻と共同で「ビル&メリンダ・ゲイツ財団」を2000年に設立、自身の莫大な資産を慈善事業に使うことにしたが、ウォーレン・バフェットはその考えに共鳴し、2006年に約310億ドルを財団に寄付した。

「自分よりも賢明な逸材を多く集める術に長けていた者、ここに眠る」(Here lies one who knew how to get around him men who were cleverer than himself.)

カーネギーの墓石に刻まれた銘文である。

カーネギーは、おびただしい数の含蓄に富む言葉を残している。そのなかから選んだ10の金言を掲出する。

アンドリュー・カーネギーの「大富豪への成功方程式」10か条

①富を得るには、すべての卵をひとつの籠につめて、大切に見守ることだ。（The way to become rich is to put all your eggs in one basket and then watch that basket.）

②やるべきことだけをするのではなく、少しでいいからそれ以上のことをすることだ。そうすれば、未来はその人に微笑むだろう。（Do your duty and a little more and the future will take care of itself.）

③他人をリッチにできない者に、リッチになる資格はない。（No man can become rich without himself enriching others.）

④幸せになりたいなら、まず目標を定め、全力を投入して、望みに燃え、自らを鼓舞せよ。（If you want to be happy, set a goal that commands your thoughts, liberates your energy, and inspires your hopes.）

⑤笑顔を忘れるな。笑う門には福来る、だ。(There is little success, where there is little laughter.)

⑥どんな素晴らしい才能があったとしても、やる気のない人間は、つまらない人生に満足するしかない。(People who are unable to motivate themselves must be content with mediocrity, no matter how impressive their other talents.)

⑦たったひとりで仕事をするよりも、他人の助力を得る方が一段と素晴らしい仕事ができると悟ったとき、人は大きな進歩を遂げるものなのだ。(It marks a big step in your development when you come to realize that other people can help you do a better job than you could do alone.)

⑧成功する秘訣は、自分の仕事に求めるのではなく、その仕事にふさわしい適材を見つけることにある。(The secret of success lies not in doing your own work,but in recognizing the right man to do it.)

⑨努力しない者を助けようとしても無駄である。梯子を上ろうとする意志がない者を誰かが押し上げることなど到底できっこないのだ。(There is no use whatever trying to help people who do not help themselves. You cannot push anyone up a ladder unless he be willing to climb himself.)

⑩最初にやる者と二番手の者の決定的な違いは、牡蠣を得るか、貝殻を得るかだ。(The first man gets the oyster, the second man gets the shell.)

アンドリュー・カーネギーの略歴

1835年11月25日生まれ

13歳(1848年)……一家でピッツバーグへ移住

15歳(1850年)……電信局で電報配達

17歳(1853年)……ペンシルベニア鉄道に就職

25歳(1861年)……南北戦争始まる

26歳(1861年)……軍用鉄道の監督(陸軍次官補)

27歳(1862年)……キーストン鉄橋会社設立

30歳(1865年)……ユニオン製鉄所設立

52歳(1887年)……結婚(初婚。2年後に娘誕生)

54歳(1889年)……雑誌に論文「富の福音」発表

56歳(1901年)……世界最大の製鉄会社「USスチール」誕生

83歳(1919年)……死去

大富豪伝説 5

デュポン財閥

戦争で資産を増殖させるテクニックとは⁉

Du Pont

〝死の商人〟の末裔３５００人

デュポンは、ロックフェラー、メロンと並ぶ「アメリカの3大財閥」である。

デュポンという社名は、今日ではセロファン、ナイロン、ポリエチレン、テフロンなどの画期的素材・技術で生活を便利にしてきた超一流の総合化学メーカーとして有名だが、１８０２年の創業から２００年以上経っても、火薬の製造で財を成したという「死の商人」のイメージがいまだに消えない。

スウェーデンのアルフレッド・ノーベルも、殺人兵器として使われたダイナマイトを発明して金も地位も名声も勝ち取ったが、「儲けた金は悪銭《あぶくぜに》」「〝死の商人〟の陰口を払拭したい」と考え、「ノーベル賞」の創設を遺言したのである。

デュポンの創業者一族は、いまも健在だ。「フォーブス」誌の「２０１４年版米国名家長者番付」によると、デュポン一族３５００人の資産合計は１５０億ドルで13位となっている。

デュポンという社名は略称だ。正式社名は「イー・アイ・デュポン・ド・ヌムール・アンド・カンパニー」という。

イー・アイ・デュポン・ド・ヌムールは創業者の名前で、こちらもＥＩ・デュポンと略称されることが多い。ＥＩはエルテール・イレネーの頭文字である。名前からわかるようにフランス人だが、本社はアメリカのデラウェア州にある。

１７７１年生まれのエルテール・イレネーは１８３４年まで生きるが、ノーベルは彼が死ぬ前年に誕生しただけでなく、同じ63歳という年齢で没した不思議な因縁がある。

親兄弟の結束が強い一族

ＥＩデュポンは、16歳のときに、著名な化学者ラボアジェに弟子入りして火薬の製造技術をマスターした。

政府高官だった父と「デュポン・ド・ヌムール父子商会」を設立したが、フランス革命で父が処刑されそうになり、アメリカへ亡命。新たに前記の会社を設立し、黒色火薬を製造・販売に着手したのである。

そして米英戦争（1812年）、メキシコ戦争（1846年）、南北戦争（1861年）で莫大な利益を上げて、大財閥としての地位を磐石なものとした。

さらに第一次大戦（1914年）でも荒稼ぎし、第二次大戦（1939年）では原爆をつくる「マンハッタン計画」にも加わって、プルトニウムとウランを製造した。その原爆がB29「エノラゲイ」に搭載され、長崎、広島に落とされたのだ。「死の商人、ここに極まれり」と評するしかない。

一族の結束が堅い企業は伸びる。デュポン一族がそうだった。親兄弟の結束が強く、初代社長イレーネに始まり、イレーネの長男アルフレッドが2代目社長、次男ヘンリーが3代目社長、ヘンリーの甥ユージンが4代目、アルフレッドの従兄弟コールマンが5代目、同じく従兄弟ピエールが6代目と一族経営が続き、全米にその名がとどろく大財閥になったのだ。

罪の意識から生まれた「ノーベル賞」

「死の商人」に関しては、ノーベルについても軽く触れておくべきだろう。アルフレッド・ノーベルは、発明の天才であると同時に〝実業の天才〟でもあった。重要なのは、発明家が必ずしも大富豪となり、財閥を形成するとは限らないということだ。

エジソンはその典型だが、ノーベルはエジソンと違って、巨万の富金も地位も名声も勝ち取ったものの、女性にだけは恵まれなかった。

女性のひとりは、作家のベルタ・フォン・ズットナー。1905年に女性初のノーベル平和賞を受賞することになる人物だが、実は彼女は、1878年にノーベルが「秘書募集」に名を借りて「花嫁候補探し」をしたときの応募者のひとりである。ノーベルは彼女が気に入り、秘書に採用してプロポーズしたが断られ、彼女は別の男と結婚してしまったのだ。

ダイナマイトや無煙火薬を発明して大富豪となったノーベルは、1887年からパリに拠点を移す。そこで、もうひとりの女性と出会うのだ。

近所の花屋で出会ったゾフィー・ヘス。ノーベルは金の力で同棲に漕ぎ着けた。ところが、この女性、とんでもない食わせ者だった。金遣いは荒いわ、男癖は悪いわ、性格は悪いわで、救いようがなかったが、「恋は盲目」を地でいった。彼女の言いなりになり、金を与えまくったのである。その額300億円以上。

そこまで尽くしたのに、ゾフィーはノーベルから受けた恩を仇で返す。別の男の子を妊娠するのだ。さすがのノーベルも、そこまでされて目が覚め、彼女と別れたが、「日記を公開する」などと脅され、その後も巨額の金を脅し取られ続けた。この一件で、以後、ノーベルは1896年12月に63歳で死ぬまで独身を貫くのだから、よほど女性に懲りたようだ。

遺言によりノーベル賞にあてられた金額は、遺産の94%で3100スウェーデン・クローナ（今日の貨幣価値では17億クローネ）。円に換算すると、231億5400万円（2015年4月15日現在／1クローネ＝13・62円で計算）になる。

ノーベル賞の賞金額は2011年までは1100万クローネだったが、リーマン・ショックなどで運用益が減ったために、2012年から800万クローネとなった。約1億円である。

大富豪伝説 6

ケネディ家

Kennedy

“アメリカのロイヤルファミリー”の謎とは⁉

呪われた大富豪の系譜

ケネディ家は“アメリカのロイヤルファミリー”とまでいわれる資産家だが、どれくらいの額なのか、具体的なことはよくわからなかった。

ところが、2013年夏、ひょんなことからその一端が明らかになった。ジョン・F・

ケネディ大統領の長女キャロライン・ケネディが第29代駐日大使に指名され、個人資産申告書の政府への提出が義務づけられたのだ。

彼女の資産額をCNNは約2億8000万ドル（約278億円）と報じたが、「ニューヨーク・ポスト」によると、それ以外に、株式投資の配当などで年間1200万〜3000万ドル（約12億〜29億円）もあると推測した。

そんな大富豪キャロライン・ケネディにまつわる不思議な数字がある。

キャロライン誕生　1957年11月27日
父ジョン大統領暗殺　1963年11月23日
駐日大使として着任　2013年11月19日

着任したとき、彼女は56歳。5＋6＝11。3つの出来事がすべて11月なのは、単なる偶然か。いや、キャロラインの弟ジョン・ケネディJrが飛行機機事故で死んだときの年齢も38歳（3＋8＝11）だった。

これだけではない。

3つの出来事の日付を見比べると、不思議なことに不吉な日本語「死」という字に通じる4日間隔（27日、23日、19日）である。

ケネディ家は、一族が次々と悲劇的な死を遂げたことから〝呪われた大富豪〟ともいわれるので、かようなオカルト的なイントロを用意してみた。

呪われた血をもたらしたのは、ジョン・F・ケネディと結婚したジャクリーンなのか？

結婚前の旧姓はジャクリーン・リー・ブーヴィエ。フランス系移民の家系で、父は株式仲買人。母は銀行頭取の娘。それなりの上流階級ではあるが、〝富豪度〟ではケネディ家や再婚相手のオナシス家の足元にも及ばない。

ジャクリーンは、目は離れているが美人で才女だった。ジョージ・ワシントン大学を出て新聞社に勤め、社交欄担当カメラマンとして上院議員だったジョン・F・ケネディと出会って結婚するのだが、そのとき彼女は株式仲買人の青年と婚約していた。計算高い女だったのだ。

大富豪から大統領へ――野望、果てなく

〝アメリカのロイヤルファミリー〟とまでいわれる名門ケネディ家の先祖は、1849年にアイルランドからボストンへ渡ったパトリック・ケネディから始まる。

だが、彼や長男はコレラで死に、次男パトリック・ジョセフが14歳から港湾労働者となって母と3人の姉を養いながら金を貯め、バーを開業すると、これが大当たり。店は上流階級

級の集まる社交場となり、20代でマサチューセッツ州議会の下院議員に出世する。

洋酒輸入会社の買収、石炭会社の株式保有など事業・投資にも触手を伸ばした。これが、ケネディ家のルーツである。

大富豪に成り上がるのは、パトリックの息子ジョセフの代だ。ハーバード大学を卒業すると実業界に飛び込み、弱冠25歳でコロンビア・トラスト銀行の頭取になる。

子は父の背中を見て育つというが、ジョセフはその典型。酒や投資に目をつけ、今日ならインサイダーになる強引な手口で大儲けし、禁酒法時代にはマフィアと結託して密造酒で巨万の富を得た。

相場勘も鋭く、1929年の大暴落直前に所有株を売り払っている。政治的野心も半端ではなく、ひそかに大統領の椅子を狙っていた。

悲劇のケネディ王朝

〝ハリウッドのセックスシンボル〟マリリン・モンローがロサンゼルスの自宅で死んでいるのが発見されたのは、1962年8月5日である。

常用していた睡眠薬の飲みすぎが原因とみられたが、第35代大統領ジョン・F・ケネディと深い関係にあったことから、マフィアによる口封じ説も流れた。

この両者にも奇妙な数字（日付）の一致が見られる。マリリンは、ジョン・F・ケネディが大統領に就任した1961年1月20日に3番目の夫だった作家アーサー・ミラーと離婚しているのである。これは単なる偶然か、それともモンローがジョン・F・ケネディに送った愛の告白メッセージなのか。

モンロー怪死事件は、ケネディ家に連鎖的に襲いかかる悲劇を暗示していた。事件から2年後の1963年11月、〝ケネディ家の希望の星〟ジョン・F・ケネディ大統領が暗殺され、最も落ち込んだのは父ジョセフだった。

彼は強引な手口で資産を増やし続け、ルーズベルトを資金面でバックアップして大統領に2度当選させた見返りとして、駐英大使のポストを手に入れるが、親ナチス・反ユダヤ的な発言を繰り返して失脚。

野望の実現を長男ジョセフ・ケネディJrに託していたが、Jrは第二次世界大戦で戦死。次男ジョンの出番となり、見事、大統領になったのである。

犠牲者あっての大富豪

〝ケネディ家の悲願〟をかなえたジョン・F・ケネディの暗殺から5年後の1968年6月、今度はジョンの弟ロバートが、民主党の大統領候補指名戦のキャンペーン中に暗殺された。

9人兄弟の末弟エドワードも、自身の命に別状はなかったが、2度も災厄をこうむった。1964年の飛行機事故では同乗者2人が死に、1969年の飲酒運転で車が海に転落し、不倫相手が死んだ。

ほかにもある。1973年、戦死した長男ジョセフの息子が交通事故。同年、エドワードJrが骨肉腫で右足切除。1984年、ロバートの3男がコカイン過剰摂取で死亡。同じくロバートの4男が1997年にスキー事故死。1999年、冒頭に書いたキャロラインの弟ジョン・ケネディJrの飛行機事故死。

普通の家系にはありえないような事故がこれだけ頻発すると、単なる偶然では片付けられなくなってくる。大富豪への過程で犠牲になった人間の怨念のようなものを考えざるを得ないのである。キャロライン・ケネディの顔は、どこか暗く、笑顔が寂しげなのは、そういう見えない影に脅えているからかもしれない。

大富豪伝説7

アリストテレス・オナシス

世紀の成り上がり〝造船王〟

Aristotle Socrates Onassis

プリマドンナと元大統領夫人を手に入れた

〝20世紀最大の造船王〟といわれたアリストテレス・オナシスは、1906年に生まれ、1975年に死んだ。アリストテレスという名前から想像がつくと思うが、ギリシャ人である。「耳なし抱一」「雪女」などの怪談で知られる小説家ラフカディオ・ハーン（小泉八雲）も、ギリシャ人だ。

彼は、ラフカディオ・ハーンというペンネームの由来となったレフカダ島の出身で、その近くに「スコルピオス」と呼ぶプライベートアイランドがある。

この島はずっと売りに出されていて、ビル・ゲイツが興味を示したとか、ファッションデザイナーのジョルジオ・アルマーニが2010年に1億9000万ドル（約158億円）で買ったとの噂も流れたが、実際に購入したのはロシアの富豪ドミトリー・リブロフレス。

2013年に娘名義で買ったのだ。購入価格は5300万ドル（約52億8000万円）。売り主はアシーナ・オナシス・デ・ミランダ。こちらも女性だ。〝20世紀最大の海運王〟の異名をとる故アリストテレス・オナシスの孫娘で、3歳のときに30億ドル（約3600億円）もの祖父の遺産を相続した大富豪である。

オナシスがスコルピオス島を買ったのは1962年。当時の価格で1万ポンド（約1000万円）だった。

6年後にオナシスは、愛人だった〝20世紀最高のプリマドンナ〟マリア・カラスを捨て、ケネディ大統領の未亡人ジャクリーンとその島で挙式。そこで暮らしたことで、島の名は世界に知れ渡ったという経緯がある。

カネは道徳より強い

アリストテレス・オナシスは、1906年にトルコの港町で生まれたが、紛争で一家は難民となってギリシャへ逃れた。

極貧からのスタートだったが、オナシスには若さという財産と大いなる野望があった。17歳のときに南米へ渡り、葉巻タバコで一儲けしたのを手始めに食肉なども輸出して財をなし、故郷のギリシャに錦を飾るのである。

オナシスには、独自の「大富豪への必勝方程式」があった。

「カネは道徳より強い」

若い頃から折に触れてそう嘯《うそぶ》き、裸同然からなりふり構わず、法の目をかいくぐった〝あざといビジネス流儀〟を貫いて成り上がっていったのである。

第二次大戦が終わると、不要になった船を安く買い入れて造船業を始め、成功を収めた。どんな成功も、人を大きくする。自信をつけたオナシスは、〝ギリシャの海運王〟の娘を口説いて1946年に結婚し、義父を踏み台にして造船業界を牛耳る大物になるのだ。

そしてジャクリーン・ケネディを口説き落としたのだが、彼女はケネディ家から1000万ドルを超える財産分与を受けていながら、オナシスが驚くほど金遣いが荒かった。

さすがのオナシスも離婚を考えたが、筋無力症を発症、1975年に帰らぬ人となった。

オナシスの遺産1兆円の行方

オナシスの死から31年後の2006年6月、ロンドンの競売会社（オークションハウス）

「クリスティーズ」で「ジュエリーオークション」が催された。その日の落札最高額は約7億6000万円。38カラットの洋梨形ダイヤモンドのネックレスだった。

売り主は、冒頭に登場したスコルピオス島を売ったオナシスの孫娘アシーナ・オナシス・デ・ミランダである。アシーナは、38カラットのネックレスを母親のクリスティナの遺産として受け継いでいたのだ。

オナシスは、ケネディ大統領夫妻を豪華船で開いたパーティーに招き、そこで〝呪われた運命の女〟ジャクリーンと出会った。その船の名前は「クリスティナ号」。愛娘の名だ。だが、クリスティナ・オナシスは37歳の若さで1988年に死去する。そのとき遺児アシーナは3歳だったために、成人に達するまで母からもらった遺産を売却できなかったのである。

〝20世紀の造船王〟アリストテレス・オナシスには息子のアレキサンダーもいたが、1973年に24歳で飛行機事故死しており、オナシスの血を引く者はアシーナただひとりだったのだ。2003年1月、18歳になった彼女は母の遺産30億ドルを受け取り、2年後の12月にシドニー五輪メダリスト（馬術競技）のブラジル人と結婚した。

呪われた大富豪一族（ケネディ家・オナシス家）とジャクリーンの相関史

年月	事件・出来事の内容
1953年 9月	ジョン・ケネディ、ジャクリーンと結婚。
1963年 11月	ジョン・ケネディ大統領、暗殺。
1968年 3月	ジョンの弟ロバート・ケネディ（大統領候補）、暗殺。
1968年 10月	ジャクリーン（39歳）、オナシス（62歳）と結婚。
1973年 1月	オナシスの息子アレキサンダー、飛行機事故死。享年24。
1974年 10月	オナシスの最初の妻（アレキサンダーの母 アシーナ・リヴァノス／離婚後、オナシスの宿敵と結婚）は、アルコール中毒で変死。享年45。
1975年 3月	オナシスが筋無力症に陥り、入院先のパリの病院で死去。享年68。
1975年 9月	ジャクリーンの裸がパパラッチに盗撮され、ポルノ雑誌「ハスラー」に載る。
1977年 9月	マリア・カラスが睡眠薬中毒になり、入浴中に怪死。享年53。
1994年 5月	ジャクリーン死去。享年64。

大富豪伝説 8

アスター家

Astor

新天地に賭けた「肉屋の4男坊」がルーツ

タイタニック号の乗客中、一番の金持ち

夫48歳、妻19歳。親子ほども年の違う新婚夫婦が、結婚翌年の1912年の春、フランスのシェルブール港からサウサンプトン経由ニューヨーク行きの豪華客船に乗った。

2340人もの乗客を乗せたその豪華客船は、出航から4日後の4月10日午後11時40分、氷山に激突、やがて沈んでしまう。

船の名は「タイタニック」。

タイタニック号には58人乗りの救命ボートを20艘しか積載しておらず、助かるのは705人だけだった。

夫は妊娠している若い妻と看護師をボートに乗り移らせると、自分自身は船に残り、2週間後に死亡が確認された。

男の名は、〝不動産王〟ジョン・ジェイコブ・アスター4世。〝アメリカ初の財閥〟アスター家の4代目当主で、「タイタニック号の乗客中、一番金持ち」といわれた人物だった。

「失うものは何もない」という強み

アスター家の初代ジョン・ジェイコブ・アスターは、1763年7月17日にドイツの「ウォルドルフ」というところで生まれた。タイタニック号の沈没から150年ほど昔のことだ。

ジョン・アスターは、貧しい肉屋の4男坊に過ぎなかったが、大きな夢があった。「新天地アメリカへ行って、金持ちになりたい」という夢だ。

その願いをかなえるために、まずロンドンへ渡った。そこで4年間働いて旅費を貯め、1783年20歳の秋に船でアメリカへ向かった。

手持ちの財産は、5シリング金貨と楽器製造者の兄から仕入れた商売道具の7本のフルートだけ。「失うものは何もない」という心境だったろう。いってみれば、怖いもの知らずだった。そういう気持ちこそが人を飛躍させるのである。

だが、ジョン・アスターの乗った船は、ボルチモアを目前にして氷に閉じ込められ、動かなくなった。前途多難と思われたが、何が幸いするかわからない。船中で、「毛皮が儲かる」という話を小耳に挟み、商売のヒントを得るのだ。それから129年後のタイタニック号事件といい、スター家は船と妙な因縁がある。

〝先々を読む才〟で富豪になった初代

ボルチモアに上陸したジョン・アスターは、ニューヨークへ向かい、毛皮の行商を始めた。商売勘のいい娘と結婚し、中国へも輸出して大儲けする。しかし、競争が激化したので見切り、それまでに得た富を使って不動産業へと転進した。

ジョン・アスターは商才に加え、「先を読む才」にも長けていた。単なる「不動産販売」ではなく、何十年後かには土地が戻ってくる借地契約（定期借地権）の方が儲かると読んだのである。その読みが的中し、ジョン・アスターは富豪への道を駆け上る。

次に目をつけるのは、豪華な邸宅よりも利益を生むホテル事業。こちらの読みも的中、1820年にはホテル業界の最大手になっていた。

かくてジョン・アスターは、〝石油王〟ロックフェラーや〝海運王〟〝鉄道王〟といわれたヴァンダービルトと肩を並べる〝不動産王〟になったのである。

ジョン・アスターは、1848年に84歳で大往生を遂げる。残した資産は約2000万ドル。全米2位の資産額が200万ドルだったから、桁違いの富豪ぶりがわかろうというもの。

「1848年の2000万ドルは、21世紀の今日では、一体いくらくらいになるのか」といった庶民の素朴な疑問の声を受けて、「フォーブス」誌が2007年（159年後）に試算したことがある。

それによると、2007年には1150億ドル（13兆4550億円）ということになり、ジョン・ロックフェラー、アンドリュー・カーネギー、コーネリアス・ヴァンダービルトに次ぐアメリカ史上第4位の大富豪にランキングされることになった。

その年の世界長者番付1位はビル・ゲイツで560億ドル（6兆5520億円）だから、当時の為替レート（1ドル＝117円）で計算すると、倍以上ということになる。

ここでちょっと脱線し、今から100年近く前（1917年）に出版された古書『一身一家　商人職工之寶典《ほうてん》』に〝鉄道王〟コーネリアス・ヴァンダービルトのおもしろい金言が載っていたので引用しておこう。

「富貴とならむに別に秘訣と云うべき事なし、只心掛く可《べ》きは自家の業務を怠らずして其《その》進捗を計るにあり、去れど其《その》最も必要なるは企てたる事若《も》しくは企てんとする事の成就する迄は決して妄《みだ》りに他言せざるにあり」（金持ちになる秘訣などというものは特にない。ただ心がけたいのは、自分の仕事をさぼらずにやり続けるということだ。そのときに最も大事なのは、企てたこと、または、これから企てようとすることが成功するまでは決して

他人に話さないこと、これである）

アスター財閥の光と影

タイタニック号の沈没事故から102年後の2014年秋、ニューヨークの老舗ホテル「ウォルドルフ・アストリア」が中国の安邦保険集団（非上場の保険会社）に買収された。買収金額は、ホテル買収史上最高額の19億5000万ドル（約2300億円）。

同ホテルは、ウィリアム・ウォルドルフ・アスターが1893年に建てた「ウォルドルフホテル」（47階建て）とその4年後にウィリアムの従兄弟のジョン・ジェイコブ・アスター4世が建てた「ウォルドルフホテル」（13階建て）が1931年に一体化した最高級ホテルだが、その後、1949年にコンラッド・ヒルトンの手に渡り、ヒルトン系の旗艦ホテルとなっていた。

大富豪伝説 9

ハワード・ヒューズ

航空機製造・映画監督・アビエイター

Howard Robard Hughes, Jr.

ディカプリオがのめりこんだ快男児

世界的な人気俳優レオナルド・ディカプリオとリチャード・ギアには、ある共通点がある。〝伝説の大富豪〟ハワード・ヒューズを描いた映画に主演したことだ。レオナルド・ディカプリオは「アビエイター」（２００４年）、リチャード・ギアは「ザ・ホークス」（２００６年）である。

アビエイターは「飛行機の操縦士」という意味だ。ハワード・ヒューズは〝飛行機に魅入られた大富豪〟で、大手航空会社だったＴＷＡ（トランスワールド航空）を買収して経営者に納まっただけでなく、自ら操縦桿を握るのが趣味という規格外の実業家だったのだ。ＴＷＡは１９２５年に設立された大手航空会社だったが、２００１年にアメリカン航空に吸収合併された。

もう一つの映画「ザ・ホークス」には、「ハワード・ヒューズを売った男」というサブタイトルがついている。クリフォード・アーヴィングという作家がハワード・ヒューズの嘘っぱちの回顧録を捏造し、出版社や世界中の読者を騙した実話が原作である。ハワード・ヒューズという人物には、それくらい謎めいたところがあったということだ。

飛行機の操縦は危険とわかっていても、熱中する大富豪は多い。資産200億ドル超といわれる人気俳優ハリソン・フォードは、2015年3月に小型飛行機を操縦していて墜落事故を起こし、重傷を負った。

ハワード・ヒューズは、14歳で飛行訓練を初体験して以来、3度も墜落事故を起こしている。特に3度目の事故はひどく、顔の原形をとどめなかったが、それでも飛行機を愛し続けた。よほど好きだったのだろう。

ハワード・ヒューズは、晩年は謎めいた隠遁生活を送り、1976年4月に70年の生涯を終えたが、息を引き取ったのは病院へ運ばれる自家用ジェット機内だった。本人としては本望だったのではないか。

米経済誌「フォーチュン」が1965年に試算した数字がある。それによると、その年のハワード・ヒューズの資産額は、10億～15億ドル（当時の為替レートで3600億～5400億円）だった。

半世紀も前の数字だ。当時の大卒初任給が約2万4000円で、2014年の初任給は約20万数千円だから、貨幣価値がほぼ10倍になっていると考えると、今なら1000億～

150億ドル。「フォーブス」誌の世界長者番付の50～60位といったところか。

黒澤明の上をいく完全主義者

ハワード・ヒューズは、1905年にテキサス州で誕生した。画期的な油田掘削機を考案・製造して巨利を得た事業家の一粒種。筋金入りのお坊ちゃまである。

少年時代の夢は「アビエイターになること」と「映画監督になること」だった。映画の方は、映画監督・脚本家の叔父に撮影所へ連れて行ってもらって芽生えた。

幸せそうに見えたが、16歳で母を、18歳で父を相次いで失った。巨額の遺産が転がり込むと、会社経営は人に任せ、ハリウッドへ向かった。

22歳でプロデュースした映画「美人國二人行脚」が、第1回アカデミー賞「コメディ監督賞」を受賞すると、自分で監督したくなり、25歳のときに念願の監督第一作「地獄の天使」に挑んだ。

ハワードは、黒澤明の上をいく完全主義者だった。第一次大戦の撮影で本物の戦闘機を87機も使い、操縦士が3人も死亡しただけでなく、自身初めての墜落体験をしている。

ハワード・ヒューズは、有名なハリウッド女優（リタ・ヘイワース、キャサリン・ヘップバーン、エヴァ・ガードナーら）を次々に愛人にしたことでも知られるだけでなく、極めつきの野心家でもあった。

リンドバーグが愛機で世界初の「太平洋単独無着陸飛行」に成功すると、10年後にニューヨーク・ロサンゼルス間の飛行時間の新記録を樹立するなど、記録挑戦を続けたが、ただの冒険野郎ではなかった。航空機を製造したり、航空会社を買収したりしたのである。

大富豪伝説10

アーネスト・オッペンハイマー

Sir Ernest Oppenheimer

ダイヤモンドを独占した商才の煌き

「永遠の輝き」に託した3代の栄華物語

英国の大学では〝オックスブリッジ〟（オックスフォードとケンブリッジ）が双璧だが、米国人留学生が多いのはオックスフォードの方だ。奨学金の利用者数で両校を比較すると、「ローズ奨学金」の32名（毎年）を含めて3倍近く多い。

ローズ奨学金は、〝アフリカの鉱山王〟セシル・ローズの遺産で運営され、１９０３年から始まった世界で最も古い歴史のある奨学金制度で、ビル・クリントン元米大統領も利用した。

セシル・ローズは、世界史の教科書に登場する政治家だ。19世紀後半に英領ケープ植民地の首相を務めた。

セシル・ローズには商才もあり、1866年にキンバリーでダイヤモンド大鉱脈が発見されると、試掘・採掘・販売などを一手に行う「デビアス」という会社を設立した。

しかし彼は、1895年に征服した土地にローデシア（現ザンビア、ジンバブエ）と自身の名をつけるなどした露骨な侵略主義がたたって、やがて失脚。1902年に没する。日英同盟が結ばれる年だ。

オッペンハイマー財閥の栄枯盛衰

セシル・ローズが死んだその年に、ロンドンの宝石商で17歳の頃から働いていた若者が、ダイヤモンドを買い付けにケープ植民地へ派遣された。ドイツ系ユダヤ商人の息子アーネスト・オッペンハイマー（22歳）である。

その6年後、ローデシアでダイヤモンドの新鉱山が発見されると、アーネスト・オッペンハイマーの事業家への野心に火がつき、デビアスの牙城に迫る。

32歳になったアーネスト・オッペンハイマーは、ロスチャイルド財閥に支援を仰ぎ、ヨハネスブルグに資源会社「アングロ・アメリカン」を設立する。

そして、ローデシアのダイヤモンド鉱山を傘下に収めると、その勢いを駆ってライバルのデビアスの株式45％を買い占めて支配権を握り、会長に就くのだ。

ダイヤモンド財閥の座を磐石にしたのは、アーネストの息子ハリーだった。

ハリー・オッペンハイマーは、１９０８年に南アフリカのキンバリーで生まれ、オックスフォード大学を卒業するが、生涯の大半はヨハネスブルグで過ごした。

ハリーは、「ダイヤモンドが値崩れを起こさずに儲けを独占できる画期的なシステム」を考えついた。生産から販売まで一手にコントロールするシンジケートである。

こうして光り輝く〝オッペンハイマー・ダイヤモンド帝国〟が確立。「ダイヤモンドは永遠の輝き」（A Diamond is Forever）というキャッチフレーズの広告が世界を駆けめぐり、「ジェームズ・ボンドシリーズ」の映画「００７　ダイヤモンドは永遠に」（Diamonds are Forever）も１９７１年に公開された。

だが、ダイヤモンドの輝きは永遠に保証されたわけではなかった。アーネスト・オッペンハイマーの死（１９５７年11月25日）から54年を迎えようとしていた２０１１年11月４日、３代目のニコラス・F・オッペンハイマーが歴史的な大決断を下す。オッペンハイマー家が保有してきたデビアス株式45%をアングロ・アメリカンに51億ドル（5100億円）で売却し、経営から手を引いたのだ。

かくて、オッペンハイマー家のデビアス支配は終わりを告げたが、デビアスが世界最大のダイヤモンド生産会社であることに変わりはなく、6大陸に散らばる従業員は1万5000人もおり、ダイヤモンドの売上高（2013年）は世界で790億ドル（約8兆6000億円）と巨大である。

南アフリカを舞台にダイヤモンドで巨富を築いたオッペンハイマー家は、アーネスト（1880〜1957年）から始まり、息子ハリー（1908〜2000年）を経て、孫ニコラス（1945年〜）と続いてきた。愛称ニッキーの2015年の世界長者番付の順位は、67億ドルで201位である。

大富豪伝説 11

アーマンド・ハマー

儲かることは何でもやった怪富豪

Armand Hammer

石油で巨富のミステリアス出世術

「傑物か、怪人か。1990年に92歳で大往生を遂げた〝伝説の謎の大富豪〟」

アーマンド・ハマーという人物を映画の予告篇風にいうと、こんな感じか。

アーマンド・ハマーは、世界第8位の「オクシデンタル石油」のオーナーだったから、資産が数兆円はあったと推測できるが、ミステリアスな部分が多い。

そもそも、名前からしてふざけている。アーム・アンド・ハマー、縮めてアーマンド・ハマー（Armand Hammer）なのだ。

アーム・アンド・ハマーとは、旧ソ連の共産主義のシンボル「鎌と槌」のもじりだ。アーム（腕）とハンマー（槌）から連想するのは、額に汗して働く労働者である。

父親はロシアから移住したユダヤ人医師で、米共産党の創設者という点を考慮しても、人を食った名前である。

経歴も異色すぎる。コロンビア大学医学部を卒業した医者で、父親の祖国で1917年にロシア革命が勃発すると、革命軍の救急医となり、レーニンの信頼を得、労働者階級からは〝ドクター・ハマー〟と慕われた。

ところが、それ以後は医道ではなく、政道と実業道を突き進んだ。

米ソを股にかけた〝怪人ドクター〟

アーマンド・ハマーは、儲かることなら何でもやった。アメリカの穀物をソ連に輸出したり、フォードの代理人として車を売り込んだりしただけでなく、ソ連からは毛皮やキャビアなどを輸入して二重に荒稼ぎ。ロマノフ王朝の財宝も持ち帰って売ったりした。

その一方で、米ソ冷戦時代に突入後も両国の政財界に深く関わり、〝赤い資本家〟と陰口を叩かれながらも、大富豪への階段をひたすら上り続けたその根性は見上げたもの。一代で巨億の財を成すには、人の陰口や後ろ指など気にしてはいけないということだ。

だが、アーマンド・ハマーがたどったそうした経歴は、どこか怪しげだ。ましてや、アーマンド・ハマーが結婚した相手が、ＦＢＩがマークしていたソ連の女スパイとなると、妙な好奇心や憶測を呼ばずにはおかない。

美術品を寄付して名を残す

ロサンゼルスには、アーマンド・ハマーが死ぬ15日前にオープンした美術館がある。収集した美術品が寄贈され、展示されている。

ここで思い出してほしいのは、ビル・ゲイツのところで紹介したダ・ヴィンチの「レスター手稿」だ。ビル・ゲイツは、このお宝をアーマンド・ハマーから1994年に買ったのである。アーマンド・ハマーは美術品収集という趣味もあったのだ。

アーマンド・ハマー美術館の目玉は、ギュスターヴ・モローの「ヘロデ王の前で踊るサロメ」と「ダビデ王」である。

ダビデ王に関しては、ミケランジェロが大理石像で表現したように、イスラエルの王ダビデが巨人ゴリアテを投石して倒した『旧約聖書』の逸話が有名だ。

一方、サロメは、『新約聖書』に出てくる1世紀頃の古代パレスチナに実在した人物で、自分の愛を受け入れなかった洗礼者ヨハネの首を所望した悪女である。

売れば何十億もするに違いないこの2つの絵は、何を暗示しているのだろうか。

第3章

華麗でリッチなロイヤルファミリーのバランスシート

「王朝」「王国」「王家」「公国」といった言葉にはロマンがあり、「エンペラー」「キング」「クイーン」「プリンス」「プリンセス」といった呼称には憧れがある。だが、世界の歴史は戦争の歴史であり、領土と財宝の分捕り合戦の歴史でもある。そしてそれは、とりもなおさず、「王朝興亡史」でもあった。王朝の権威の象徴は、まばゆいばかりの宝石をちりばめた王冠だったが、時代は移り、それらを頭上に戴く王や女王の数も減った。現存する王家の数は30を切っているが、少ないからこそ価値は増す。本章では、英王室・モナコ公室、そして意外にも世界一の大富豪とされたタイ王室などの華麗でリッチな〝浮世離れした宮廷絵巻〟の一端を紹介する。

王室 1 モナコ公室

グレース・ケリー

モナコに散った〝ハリウッドの名花〟

Grace Patricia Kelly

モナコ公室を魅了した実家の資産

7億2000万円――〝クール・ビューティ〟といわれ、名匠ヒッチコックが〝セクシャル・エレガント〟と絶賛したハリウッド女優グレース・ケリーが、モナコ公室へ嫁いだときの持参金だ。今から半世紀以上も昔、1956年の話である。彼女の持参金は200万ドルで、当時の為替レート（1ドル＝360円）で計算するとこの金額になる。

当時、モナコ公室は財政的に豊かではなく、ハリウッドのトップ女優グレース・ケリーとの結婚は、彼女の世界的人気と実家の資産に期待するところが大きかった。そうしたことも含めた詳しい話に入る前に、王国と公国の違いに触れておきたい。

モナコは王国ではなく公国である。王や王女が統治する君主国家を王国と呼び、立憲君主制と絶対君主制があるのに対し、公爵などの貴族が君主として統治する国家を公国といっている。

立憲君主制の王国……英国、オランダ、デンマーク、スウェーデン、ノルウェー、ベルギー、タイ、カンボジア、マレーシア、モロッコ。
絶対君主制の王国……サウジアラビア、ブルネイ。
公国……モナコ、リヒテンシュタイン。

華麗な一族とシンデレラ物語

グレースの実家ケリー家は、アイルランド系移民だ。祖父は1869年に、祖母はその2年前に海を渡り、ペンシルベニア州の南東部にあるフィラデルフィアで出会って結婚。10人の子どもに恵まれ、そのなかから有名人が2人も出た。のちにグレース・ケリーの父となるジョンとジョンの2つ上の兄ジョージである。

ジョンはボートの選手で、1920年のアントワープ五輪とその4年後のパリ五輪に出場して3つも金メダルを取り、国民的英雄になるが、単なるアスリートではなかった。その名声をビジネスに活かし、煉瓦会社で巨富をなすのである。ジョンが結婚したのは3個の目の金メダルを取った1924年。相手は、ペンシルバニア大学の体育教師マーガレット。彼女は美人コンテストで「ビューティ・クイーン」に選ばれ、モデルもしていた。グレースの美貌は母マーガレットの血なのだろう。

ジョンの兄ジョージは、文学の道を志し、戯曲「グレイグの妻」で1926年の「ピューリッツアー賞」（報道・文芸・音楽などに与えられるアメリカで最も権威のある賞）を受賞。その年、別の戯曲「ザ・ショー・オフ」が映画化された。

グレース・ケリーが誕生するのは、1929年。したがって、叔父の映画を観ることは不可能だったが、1936年にリメイクされた。しかし彼女は、そのとき7歳である。内容を理解するのは難しかったが、叔父さんのいる世界の華麗な印象は脳裏に鮮烈に刻まれ、その後の生き方に大きな影響を及ぼす。彼女は、良家の子女のたしなみとしてピアノやダンスを習うようになるが、12歳のときにアマチュア劇団に入るのである。

映画デビューから3年でアカデミー主演女優賞

学業のかたわら、地元で演劇活動に励んでいた1946年、叔父の戯曲がまた映画化された。17歳になっていた彼女は、主演女優に自分の姿をオーバーラップさせ、ニューヨークへ行きたいと思った。両親は、130㎞も離れた大都会へはやれないと猛反対したが、叔父の説得で彼女は意志を貫くことができた。

ニューヨークでは男子禁制の高級ホテル「バルビゾンホテル」に住み、2年制の演劇学校「ＡＡＤＡ」（アメリカン・アカデミー・オブ・ドラマティック・アート）へ通った。同校は１８８４年の創設で、卒業生にはアカデミー賞を4度も受賞したキャサリン・ヘップバーンをはじめ、ローレン・バコール、ジェニファー・ジョーンズらの女優、スペンサー・トレイシー、カーク・ダグラス、ロバート・レッドフォードらの男優、映画「十戒」の監督セシル・デミルらがいる。

グレースは、テレビ番組などに出ながら演技を磨き、20歳のときに舞台「父」でブロードウェイにデビューした。当初こそ〝叔父の七光り〟だったが、器が違っていた。

映画デビューは１９５１年で、芳紀22歳。映画「14時間」（日本未公開）に端役で出ると20世紀フォックスが注目し、翌年公開のゲーリー・クーパー主演映画「真昼の決闘」のヒロインに大抜擢した。ＭＧＭも黙っていなかった。専属契約を結ぶと、名匠ジョン・フォードがメガホンを取るクラーク・ゲイブル主演「モガンボ」（１９５３年）のヒロインに起用。彼女は、そうした周囲の熱い期待に応えて好演し、助演女優賞にノミネートされた。年が明けると超多忙になった。ヒッチコック監督の2作品「ダイヤルMを廻せ」「裏窓」、ウィリアム・ホールデン主演の戦争映画「トコリの橋」など5本もの映画に出演、その年の12月に公開されたジョージ・シートン監督の「喝采」では「第27回アカデミー主演女優賞」を射止めた。

映画デビューからわずか3年で、グレース・ケリーは女優としての頂点を極めただけでなく、類いまれな美しさを放つこの〝金の卵〟は、興行収入という名の巨富も生んだのだ。

〝聖林《ハリウッド》の女神〟降臨、財政危機を救う

アカデミー賞女優グレース・ケリーは、1955年4月29日から5月10日まで開催された「第8回カンヌ映画祭」に招かれた。その期間中、雑誌「パリ・マッチ」の企画で、6歳上のモナコ公国のレーニエ3世と対談。その出会いが「世紀の結婚」へと発展する。

ハリウッドでは〝清楚な美女〟オードリー・ヘップバーン、〝セクシーな美女〟マリリン・モンロー、〝妖艶な美女〟エリザベス・テーラーらが妍《けん》を競っていたが、容貌や身のこなしから漂う「気品」でグレースの右に出る女優はいなかった。

そんな彼女にレーニエ3世は一目惚れ。アメリカへ戻った彼女を追って結婚を申し込み、彼女は愛を受け入れた。

婚約発表は年明けの1956年1月、挙式は4月18・19日の両日と決まった。

モナコ公国は、バチカン市国に次ぐ世界で2番目に小さな国で、面積は皇居の2倍ほど。南仏コート・ダジュールの一画にあり、〝地中海の宝石〟と呼ばれる美しい国だ。所得税

や固定資産税がゼロなので、放っておいても富豪が集まってくる。人口約3万7000人（2013年現在）。住民の40%がフランス人、17%がイタリア人、5%がイギリス人、残りはその他の国という構成である。

モナコ公室の推定資産は10億ドル（2011年）と「フォーブス」誌は発表したが、詳細は不明。主な収入元は、国営賭博場（カジノ）や高級ホテル「オテル・ド・パリ」ほかを運営する私企業「モンテカルロSBM」の株式配当などである。

同社はフランスの株式市場に上場しており、総発行株式数24万株。その内訳はモナコ公国35%、公室一家35%、市場公開26%、個人4%だが、これは今日の話。

当時の公室の台所は火の車で、いつ破産してもおかしくなかった。グレースが公妃になれば観光客も増え、1878年開設のカジノに落ちる金も増える。レーニエ3世にはそういう計算もあったろう。それに、モナコ公室はフランスの保護国。世継ぎがないと、フランスに領土返還するという協定を結んでおり、あせりもあったのだ。

グレースの〝美貌のDNA〟が隔世遺伝

グレース・ケリーは、モナコへ旅立つ直前の2週間をニューヨークで過ごし、豪華客船

「コンスティチューション」に乗り込み、アメリカに別れを告げた。

船がモナコ湾に入ると、迎えに来たレーニエ公のヨットに移り、愛犬のプードルを抱いてモンテカルロに降り立った。その姿はギリシャ神話に登場する女神の化身のようだった。

挙式には600名ものハリウッド関係者が招待され、グレースが着用したウェディングドレスはMGMからのプレゼント。映画デザイナーのヘレン・ローズが手がけた。

グレースは、嫁いだ翌年、長女カロリーヌ公女を産み、次の年には世継ぎのアルベール公太子を産んで公妃としての大役を果たした。次女のステファニー公女も生まれた。

グレースの心配の種は、王子や王女の奔放さだった。

〝世紀の結婚〟から26年半が過ぎた1982年9月27日、グレースは交通事故死した。自ら運転する車で次女ステファニー公女とドライブ中に脳梗塞に見舞われて事故を誘発、病院に運ばれたが、翌日、息を引き取ったのである。52歳の若さだった。

3人の遺児は奔放な男女関係を繰り返し、レーニエ3世を悩ませ続けたが、そのレーニエ3世も2005年に81歳でこの世を去り、長男の公太子がアルベール2世として君主になった。

だが、彼が結婚するのは即位から6年後の2011年である。相手は、20歳年下の南アフリカの元水泳選手シャルレーヌ。その間、アメリカ人のウェイトレスとの間に女子、エールフランスの客室乗務員との間に男子の非嫡出子をもうけていたが、この2人に王位（公位）継承権はない。

アルベール2世に男子の後継者が生まれないと、モナコは、フランスと結んだ条約により、フランスに併合されることになってしまうが、シャルレーヌ公妃は、2014年12月10日に男女の双子を出産、併合の心配はなくなった。シャルレーヌ公妃36歳、アルベール2世56歳だった。アルベール2世の資産20億ユーロ（約2200億円）は、王位継承権1位のジャックと命名された公子が継ぐのである。

時は流れ、注目を集めているのは、カロリーヌ公女の長女のシャルロット、長男アンドレ。グレース・ケリーの〝クール・ビューティ〟の血は、孫たちに引き継がれたのである。

グレース・ケリーの略歴

1929年11月12日生まれ

12歳（1941年）……アマチュア劇団に入団

18歳（1947年）……高校卒業。ニューヨークの演劇学校に入学

20歳（1949年）……ブロードウェイ、デビュー（演劇「父」）

22歳（1951年）……ハリウッド、デビュー（映画「14時間」の端役）

23歳（1952年）……フレッド・ジンネマン監督「真昼の決闘」（主演ゲーリー・クーパー）のヒロインに抜擢

24歳（1953年）……MGMと専属契約。ジョン・フォード監督「モガンボ」（共演クラーク・ゲイブル）

25歳（1954年）……「喝采」でアカデミー賞主演女優賞。出演映画5本：ヒッチコック監督「ダイヤルMを廻せ！」、「裏窓」（共演ジェームズ・スチュワート）／ジョージ・シートン監督「喝采」（共演ビング・クロスビー）ほか

26歳（1955年）……ヒッチコック監督「泥棒成金」（共演ケーリー・グラント）／カンヌ映画祭で南仏を訪れ、雑誌対談でモナコ公国レーニエ3世と出会う。

27歳（1956年）……レーニエ3世と結婚（世界6か国で放送）／チャールズ・ヴィダー監督「白鳥」（共演アレック・ギネス）／チャールズ・ウォルターズ監督「上流社会」（共演ビング・クロスビー）のデュエット曲「トゥルー・ラブ」が100万枚超の大ヒット／引退

28歳（1957年）……長女カロリーヌ公女を出産（妊娠中、パパラッチのカメラからお腹を隠したエルメスのバッグが「ケリーバッグ」として有名に）

29歳（1958年）……長男アルベール公太子を出産

35歳（1964年）……ヒッチコック監督「マーニー」で復帰話が浮上、流れる
36歳（1965年）……次女ステファニー公女を出産
52歳（1982年）……ステファニー公女とドライブ中、事故を起こし、翌日死去

王室2　英王室　エリザベス女王（エリザベス2世）　Elizabeth II

資産5兆円超の英王室の家計簿

ビル・ゲイツを抜いたこともある大資産

「フォーブス」誌の世界長者番付にランクアップされる大富豪で、5代、6代と続いている家系は数えるほどしかない。名家・旧家・名門と呼ばれるには、歴史がいるということだ。世界史上、誰もが「名家」と認める家系の興亡がそのことを教えてくれる。たとえば、神聖ローマ帝国の皇帝やローマ教皇まで輩出したオーストリアのハプスブルグ家は約650年も続いた。レオナルド・ダ・ヴィンチが活躍したルネサンス期に芸術家たちを支援したイタリアのメディチ家は約400年。莫大な財宝を残して滅んだロシアのロマノフ家は約300年である。

ビル・ゲイツやザッカーバーグらが〝名家と呼ばれる大富豪〟になるには、これから気の遠くなるような歳月を経なければならないのだ。

その点、現在の英王室は、１０６６年のノルマンディ公ウィリアムによるイングランド征服から始まっており、９５０年もの歴史があり、文句なしの名家で、その資産額は２０１２年で約5兆３４００億円（４４５億ポンド）だった。

この年の「フォーブス」誌の世界長者番付1位は、メキシコの〝通信王〟カルロス・スリムで資産６９０億ドル（5兆５２００万円）。ビル・ゲイツは６１０億ドル（4兆８８００万円）で2位に落ちた。ということは、英王室の資産は、カルロス・スリムとビル・ゲイツの間に挟まる世界2位ということになる。ただし、エリザベス女王だけの個人資産は、日本円にすると約1兆円で、世界ランキングでいうと50位にも入らないレベルだ。

その後、英王室の資産は、横ばいで推移しているが、２０１５年の世界長者番付で考えると、ビル・ゲイツやカルロス・スリムは資産を増やしたので、4位のウォーレン・バフェットと5位のラリー・エリソンの間といったところか。

英王室も天皇家も収入約60億円

英紙「サンデー・タイムズ」によると、2014年の英国の最富裕層1000人の資産総額は、約88兆7000億円（5189億ポンド）で、GDP（国民総生産）の3分の1に相当するという。

英国は、2012年にエリザベス女王在位60周年を記念して世界30か国の王族・皇族を招いて式典を行い、女王主宰のウィンザー城での「午餐会」やチャールズ皇太子夫妻主宰のバッキンガム宮殿での「晩餐会」を催した。

祝賀行事では古式ゆかしい船を再現した「テムズ川水上パレード」を350年ぶりに復活させ、船上の女王ら王室家族が両岸の歓呼の声に応えた。経済情勢が厳しく、贅沢すぎるとの批判もあったが、女王の支持率は約8割という数字がそうした声を封じ込めた。

このときの英王室の資産が前述した約5兆3400億円（445億ポンド）で、うち女王の個人資産は約500億円、不動産を加えると1兆円だったのである。

王室の収入に当たる「王室費」（2013年）は約62億円（3570万ポンド）で、日本の皇室とほぼ同額。平成26年度の皇室費で説明すると、①内廷費（お手元金）3億2400万円、②宮廷費（公的活動費・財産管理費・施設設備費）55億6304万円、③皇族費（各皇族のお手元金）2億6281万円で、合計すると61億4985万円。

英王室に話を戻すと、「不動産補助金」（維持・補修費として給付）は約23億円（1330万ポンド）。なにしろ古い宮殿に住んでいるので、あちこちガタがきており、修理が大変なのだ。たとえば、ウィリアム王子・キャサリン妃のケンジントン宮殿の改修費は約6億近くかかり、一部は自己負担である。外遊費もバカにならない。年間約7億３０００万円で、うちチャールズ皇太子が使った旅費は約1億７３００万円だった。英王室の総支出は約52億８３００万円で給付額をオーバーしたため、積立金を取り崩した。

王室3 英王室

ダイアナ元妃

Diana, Princess of Wales

⚜ 〝英国の薔薇〟の遺産は17億円

運用に成功、5割増のダイアナ遺産

プリンセス・オブ・ウェールズことダイアナ元妃は、〝英国の薔薇〟と呼ばれた。

２０１４年9月15日、彼女の忘れ形見ヘンリー王子が30歳の誕生日を迎えた。その瞬間、「遺言信託」の取り決めによって、ダイアナ元妃の遺産を相続する権利が発生した。

その額、約17億３０００万円（１０００万ポンド）。

遺産を受け取れる年齢が最初は25歳に設定されていたが、途中で30歳に変更になり、兄

のウィリアム王子も30歳の誕生日を迎えた2年前に遺産を受け取った。だが、全額もらえるわけではなく、相続税40％を引いた10億3000万円である。

ダイアナ元妃の遺産は、事故死した1997年当初は約16億2500万円（1296万ポンド）だったが、投資運用がうまくいってウィリアム王子が受け取るときには5割増の約25億7000万円（2000万ポンド）になっていた。ヘンリー王子は受け取るのが2年遅れた分、利子がついてウィリアム王子より多く受け取ることができた。

英王室の人気度や支持率は、ダイアナ妃の離婚とチャールズ皇太子の浮気、ダイアナ妃の事故死と続けざまに起こった事件でずいぶん下がっていたが、2011年のウィリアム王子とキャサリン妃のロイヤルウェディングで再び人気を取り戻した。4月29日に行われた結婚式の費用は60億円で、半額は王室が負担した。英王室の資産のうち預金高は、ずいぶん減ってきたが、それでも約1億6000万円（2014年現在）ある。

ダイアナは至言を2つ残した。

「自分の心が命ずることだけをおやりなさい」

「女の直感でわかりました。私たちの結婚は初めから少し込み入っていました。3人がかかわっていたのです」（1995年11月BBCテレビ放映のインタビューで）

実家のストラディバリウス

２０１２年のことである。８月と10月の２度にわたって、フランクフルト国際空港の税関で事件が起きた。ヴァイオリンの名器「ストラディバリウス」が押収されたのだ。

最初に押収されたストラディバリウスは、ベルギー在住のヴァイオリニスト堀米ゆず子所有の「ガルネリ」（１７４１年製）で、評価額１億円。次のストラディバリウスは、ドイツ在住の日独混血ヴァオリニスト所有の「ムンツ」（１７３６年製）で、こちらは６億３０００万円。

ストラディバリウスは話題に事欠かない楽器だ。その前年の２０１１年には、日本音楽財団所有の「レディ・ブラント」がオークションにかけられ、史上最高額の12億７０００万円で競り落とされ、震災復興のために寄付されるという出来事もあった。

時代はさらに遡って２００４年。イギリスのＢＢＣ主催「ヤング・ミュージシャン・オブ・ザ・イヤー」で優勝をさらった美少女ニコラ・ベネデッティは、「アール・スペンサー」の愛称で呼ばれる１７１２年製のストラディバリウスを所有していた。

アール・スペンサーとは「スペンサー伯爵」という意味である。

愛称には楽器の製造者や元所有者の名前などを用いることが多く、たとえば「レディ・ブラント」は、イギリスの詩人バイロンの娘の名である。ということは、「アール・スペンサー」という愛称からはスペンサー伯爵がかつて所有していたと推測できるが、いつ、どのようにして手放したかはわかっていない。話が遠回りしたが、スペンサー家といえば、ダイアナ元妃の実家だ。

絵画2点の落札値は19億円

スペンサー家は、羊商で財を蓄えたイギリスの名門貴族で、500年の歴史がある。チャーチル英元首相のモールバラ家とは親戚。チャーチルのフルネームは、ウィンストン・スペンサー・チャーチルなのだ。ダイアナの母も名家ファーモイ男爵家の出である。

ロンドンの北西120kmのオルソープにあるスペンサー家の始まりは、ストラディバリウス「アール・スペンサー」の誕生から半世紀後の1765年。何十人もの使用人がいる「カントリーハウス」と呼ぶ邸宅での豪勢な暮らしぶりは、NHKで放送された英国ドラマ「ダウントン・アビー～華麗なる英国貴族の館～」からも想像できる。

米国のマンハッタン島に匹敵する約1万4000エーカーの広大な敷地に、東京ドーム約30個分に相当する140万㎡の邸宅が建っている。維持費だけでも大変である。

現在の当主は9代目で、ダイアナ元妃の弟チャールズ・スペンサー伯爵で、3度目の挙式を翌年に控えた2010年7月、邸宅の改修費を捻出するために家宝をオークションにかけ、約28億円（2110万ポンド）で落札された。ルーベンスの絵画約12億円、グエルチーノの絵画約7億円、第2代スペンサー伯爵が1786年に注文したセーヴルのディナーセット、伊万里焼の壺5点セットなどである。

スペンサー家にはまだまだお宝が眠っており、最盛時の資産額は想像もつかない。

ダイアナ（プリンセス・オブ・ウェールズ）**元妃の略歴**

1961年7月1日生まれ（スペンサー伯爵家の3女）

16歳（1977年11月）……チャールズ皇太子と初対面
19歳（1980年7月）……王室のパーティーで再会
20歳（1981年7月）……結婚
21歳（1982年6月）……ウィリアム王子誕生
23歳（1984年9月）……ヘンリー王子誕生

31歳（1992年12月）……別居
34歳（1995年12月）……女王が離婚勧告
35歳（1996年8月）……離婚
36歳（1997年8月）……交通事故死（享年36）

王室4 タイ王室 プミポン国王（ラーマ9世）

Bhumibol Adulyadej

世界一富裕な「王様と私」の子孫

資産は3兆8000億円

タイ王室のプミポン国王が「意外な形」で脚光を浴びたのは、2008年夏のことだった。「フォーブス」誌が発表した「世界長者番付」の「世界で最も裕福な王族」部門でトップに躍り出たのだ。資産約3兆8000億円（350億ドル）は前年の7倍。2位以下にずらりと並ぶアラブ産油国の国王に大差をつけていた。資産急増の理由は、バンコク市内の広大な土地の存在が明らかになったからだ。

劇中歌「シャル・ウィ・ダンス」で知られるロングランミュージカル「王様と私」の王

様のモデルは、プミポン国王のご先祖ラーマ4世である。プミポン国王はラーマ9世。ラーマ1世が1782年に開いたチャクリ王朝の第9代目にあたるのだ。

プミポン国王は、父のマヒドン親王の留学先アメリカで1927年に生まれ、スイスのローザンヌ大学を卒業している。国王になったのは19歳、1946年である。2歳上の兄ラーマ8世が暗殺されたからだ。以来、世界最長の在位記録を更新中だ。

ファーストエンペラーの予言と「王様の土地」

タイには、「王室系」と呼ばれる企業が数多くある。セメント・化学・製紙・建築資材を手がけるコングロマリット「サイアムセメントグループ」、資産規模第3位の「サイアム商業銀行」などで、すべて王室財産管理局の管轄下にある。タイに進出した日本企業は4000社近く（2014年現在）あり、王室出資の現地法人も多い。サイアム駅周辺などバンコク都心の一等地や51万㎢の森林の3分の1は、「王様の土地」といわれている。

プミポン国王は国民から尊敬され、圧倒的支持を得てきたが、年齢はすでに80代半ばを過ぎ、病気がちで、しかも後継者は未定。タイは、まるで年中行事のようにクーデターを繰り返している国柄だけに、代替わりしても安泰という保証はない。

それに、タイ王室には初代のラーマ1世が言い残した〝不気味な終末予言〟がある。「絶対的な王権は150年で終わる」「チャクリ王朝は9代で終わる」がそれだ。第1の予言はすでに的中している。1932年に絶対王政から現在の立憲君主制へと移行したのだ。プミポン国王はチャクリ王朝の9代目。第2の予言どおりなら、プミポン国王はラストエンペラーとなる。そうなったとき、4兆円近い国王の資産は誰の手に渡るのだろうか。

プミポン国王の「富豪への成功方程式」

「そんなことで国民のためになると思うか。双方ともいい加減にせよ」（1992年の「暗黒の5月事件」で敵対する両陣営のリーダーを玉座前に正座させて一喝、騒乱を終結させた）

「国民は、国家のために自らの職責を果たすべきだ」（2013年12月5日86歳の誕生日行事の演説）

プミポン国王の略歴

1927年12月5日生まれ

18歳（1945年）……ローザンヌ大学に入学

19歳（1946年）……兄ラーマ8世怪死、ラーマ9世として即位（大学は休学）

23歳（1950年）……戴冠式

25歳（1952年）……ローザンヌ大学に復学、帰国

29歳（1956年）……仏門入門・還俗

60歳（1987年）……「大王」の尊称奉呈

65歳（1992年）……「暗黒の五月事件」を収拾

王室5

サウジアラビア王家 アル＝ワリード王子

Al-Walid bin Talal bin Abdul Aziz Al Saud

アラブ一の超絶大富豪

「フォーブス」に喧嘩を売った投資王子

「金持ち喧嘩せず」というが、それは小金持ちの世界。大富豪は大胆果敢に喧嘩するのだ。サウジアラビア王家のアル＝ワリード王子が怒りの矛先を向けたのは、〝世界長者番付の勧進元〟「フォーブス」誌である。

同誌は「２０１３年版世界長者番付」で、王子の資産を２００億ドル（約2兆円）と推定、順位を26位とした。だが、この数字は、２００４年8位、２００５年8位、２００７年13位と上位にランキングされた王子の栄光を汚して余りあった。「過小評価だ。私の資産はその程度ではない」とクレームをつけたのだ。

これに対し、「フォーブス」誌は「王子は高く見積もりすぎている」と軽く一蹴。怒り心頭に発した王子は、数値の訂正を求めてロンドン高等法院に訴訟に及んだのである。

人様の懐具合をあれこれと詮索しまくる「世界長者番付」は各国で人気があり、ほかの雑誌もやっているが、発表される推定資産額はまちまち。「フォーブス」誌は王子の資産を200億ドルと見積もったが、「アラビアンビジネスマガジン」は259億ドルとし、「ブルームバーグ」は269億ドルとした。だが王子は、いずれも正しくないといい、資産額はフォーブス推定額の1・5倍の296億ドルだと訂正した。

王子が頭にくるのも無理はない。サウジアラビア前国王の甥っ子という名家の血筋に加え、「自分がアラブ圏No.1の大富豪」という強い自負がある。それに、王子の国サウジアラビアは、1932年に建国され、イスラム教の聖地メッカを擁する世界最大の産油国であり、アラブの盟主という誇りもある。

祖父イブン・サウドはサウジアラビアの初代国王、父は王位継承権があったが放棄したタラール王子、母の父はレバノンの初代首相という名門の生まれで、王位継承権もある。アメリカの大学に留学して〝アメリカ流投資術〟を学び、〝アラビアのバフェット〟と呼ばれるほどの投資家でもある。本家のバフェットも一目置き、「オハマでは、私が米国のアル＝ワリードと呼ばれている」と書いた手紙を送っているくらいの投資家だ。

投資王子〝アラビアのバフェット〟の豪奢生活

アル＝ワリード王子の〝富豪デビュー〟は、鮮烈にして華麗だった。1991

年、債務超過に陥って経営の危機に瀕していたシティグループの株を8億ドルで購入、「白馬の騎士《ホワイト・ナイト》」と呼ばれた。王子の投資法は、危機に陥った優良企業の株を底値で拾い、業績が回復して株価が高くなるまでじっと待つ手法で、ウォーレン・バフェット流なのだ。

アジア№1の大富豪李嘉誠《リカシン》も、この手法で巨富を増やした。ほとんどの投資家がそっぽを向いた企業の株を買うのは危険が伴い、「近い将来、必ず再建できる」と分析・確信できる能力がないと無理である。

アル＝ワリード王子の富豪ぶりは、桁はずれだ。まず自宅。4万3000㎡もの広大な敷地に建てられた豪邸の部屋数は300室以上、エレベーター12基、テレビ500台に電話500台。オフィスは、首都リヤドの天空にそびえ立つ地上41階・地下2階の超高層タワー「キングダムセンター」の最上階にあるオーナー室。キングダムセンターの総工費は17億ドル。3年かけて2002年に竣工したサウジアラビアで一番ノッポの建物である。

しかし、そこにいることは少なく、外出がちである。王子の足となるのは、3000万円相当のスワロフスキーで覆われた4億8000万円のメルセデス・ベンツSL600であったり、850人乗りの大型飛行機を改造した4億円のプライベートジェット機であったり、全長83mの大型ヨットであったりする。「贅《ぜい》の限りをつくす」「桁はずれ」「想像を絶する」というのは、こういう暮らしをいうのだろう。

ビジネスのスケールも度肝を抜く。王子は2012年にカナダのトロントにある高級ホテル「フォーシーズン・ホテル」（部屋数259室。うちスウィートルーム42室）を約136億円で買収したが、その資金の内訳は、約57億円（7000万ドル）がポケットマネー、残りは所有する不動産を担保にして調達した。

何から何まで桁外れのアル＝ワリード王子の2015年の資産額を「フォーブス」誌は226億ドルと推定、世界長者番付の32位としたが、これに対する王子の感想は不明だ。王子のすぐ上の31位は今をときめく馬雲《ジャックマー》（資産227億ドル）で、王子のすぐ下にマイクロソフトの元CEO（2000〜2014年）だったスティーブ・バルマー（資産額215億ドル）がいるのも面白い。

その後、「フォーブス」誌に対して沈黙していた王子だったが、2015年7月1日に世界をあっと驚かせることをいってのけた。

「私の個人資産の320億ドル（約3兆9500億円）を全額、慈善事業に寄付する」

王室6

アラブ諸国の王族

巨富を噴き出す黒い水

Arab states

王族の資産はピンキリ

こちらの内容をアル＝ワリード王子より先に紹介すべきかもしれないが、「フォーブス」誌は「世界で最も裕福な王族」ランキングを2011年に発表したことがある。ベスト15位のうち、半数近くを「アラブの王族」が占めていた。サウジアラビア国王、アラブ首長国連邦（略称UAE）のアブダビ首長、同ドバイ首長、カタール国首長、オマーン国王、クウェート国首長の6人の王族である。

アラブといえば、〝カネをジャブジャブ生む黒い水〟。原油だ。日本は毎年2億万kℓ超の原油を輸入し、その8～9割をアラブに依存している。

輸入相手国は、多い順に①サウジアラビア31・2％、②アラブ首長国連邦21・7％、③カタール10・7％、④クウェート7・3％、⑤イラン5・2％、⑥ロシア4・6％、⑦インドネシア3・7％、⑧オマーン2・9％、⑨ベトナム2・3％、⑩中東・中立地帯2・2（2012年）となっている。日本はアラブの王様や元首に多大な貢献をしているのである。

アラブの王族たちが蓄積した富はどんな按配かというと、3位のサウジアラビア国王（アブドゥッラー・ビン・アブドゥルアズィーズ）が1800億ドル（1兆6200億円）、4位のアブダビ首長（ハリーファ・ビン・ザーイド・アール・ナヒヤーン）は150億ドル、5位のドバイ首長（ムハンマド・ビン・ラーシド・アール・マクトゥーム）はグッとダウンして40億ドル（3600億円）、7位のカタール国首長（ハマド・ビン・ハリーファ・アール＝サニー）は25億ドル（2250億円）。

ベスト10以外では、11位のオマーン国王（カーブース・ビン＝サイード）は7億ドル（630億円）、13位のクウェート国首長（サバーハ・アル＝アフマド・アル＝ジャービル・アッ＝サバハ）は3億5000万ドル（315億円）となっている。

サウジアラビアとオマーンはアラビア半島にあって国境を接しているが、半島のほとんどを占める大国サウジアラビアとその南端にくっついたような小国オマーンとでは、原油埋蔵量の差も大きく、国王の資産に倍以上の開きがあるということがわかる。

原油価格の上下に左右される資産

アラブの王族たちは、働かなくても暮らしていけるだけの給付金がもらえるので、じっ

WTI原油価格の推移

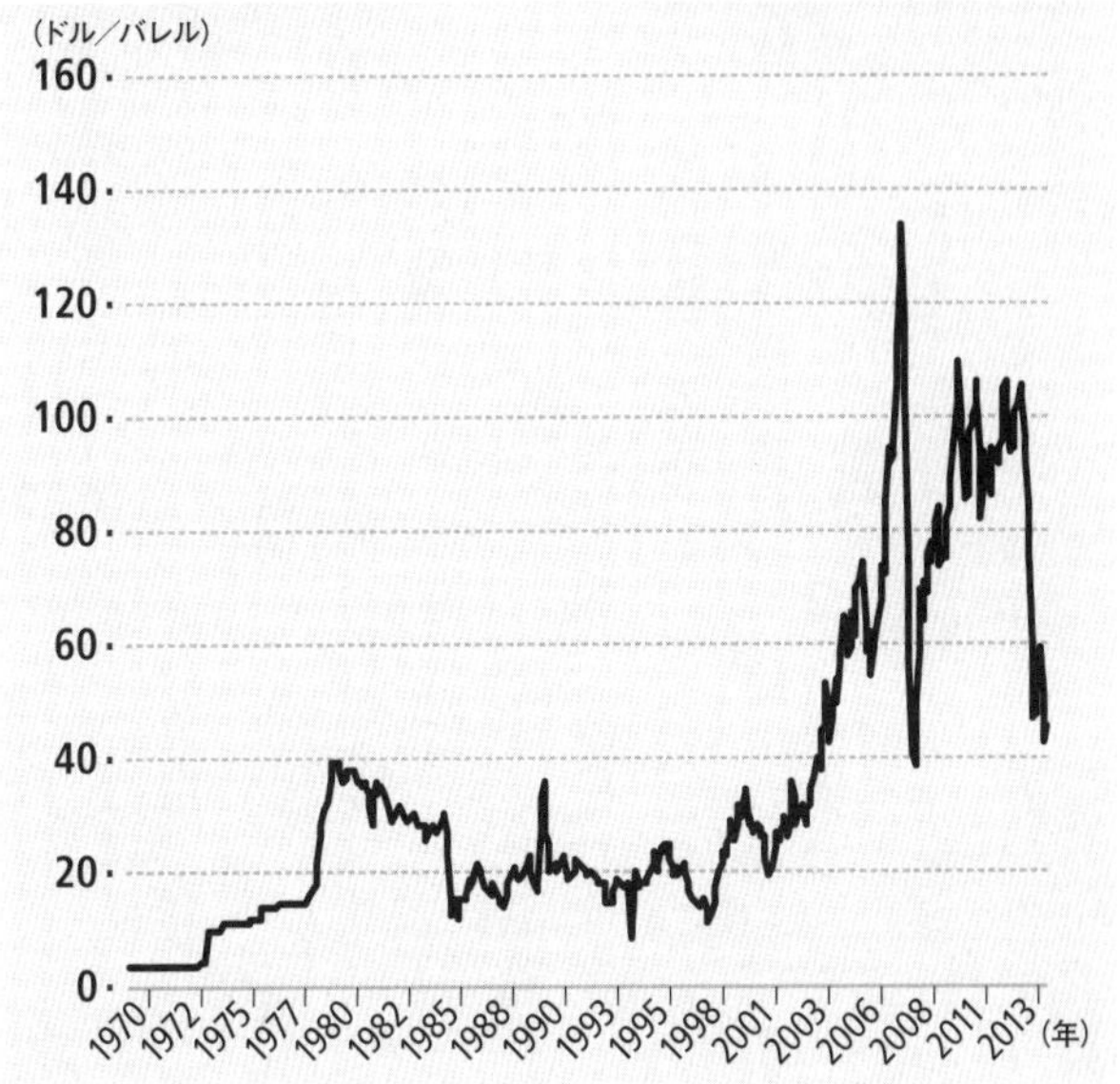

としている人が多い。そんな中で、前述したようにアル＝ワリード王子はきわめて異色。積極的に投資を行って資産を増やすことに生きがいを見つけている。

巨億の富を生んできたアラブ諸国の原油だが、それを支配するアラブの王族たちの資産は原油価格に大きく左右される。王族の資産の変化をより深く理解するには、原油の基礎知識を知っておきたい。

アラブに石油成金が生まれたきっかけは、1973年の第1次石油危機だ。それまで2、3ドルで推移していた原油価格が、第4

次中東戦争で一気に10～12ドルまで上昇、油田を所有するサウジアラビアやアラブ首長国連邦、カタールなどの王族は笑いが止まらなくなった。これに味を占めた産油国は、以後、産出量を政治的にコントロールするようになる。

困ったのは日本だ。それまで安い原油を大量に輸入して化学製品や電気製品などを量産、世界市場に輸出して外貨を稼いでいたのが、一転して低経済成長に陥った。原油の輸入国の分散化を図ったり、備蓄量を増やしたりして手を打ったが、5年後にイラン革命が勃発してまた石油危機に直面、原油価格が上がった。

1980年のイラン・イラク戦争では、原油価格が1バレル＝30～40ドルまで高騰。1999年にはアジア通貨危機で今度は原油が9ドルまで下落したが、2003年のイラク戦争で原油価格が暴騰した。かと思えば、2008年の終わりにはプライムローン問題を発火点とする金融危機に襲われて需要が低迷、30ドル台まで下落したが、2010年4月には85ドル近くまで高騰した。

その後、2011年には110ドル超まで高騰し、高止まった感があったが、シェールオイルの増産、世界経済の減速といった要因により、100ドル前後から50ドルを割り込む水準まで急落した。日本のような資源のない国は、そのつど原油価格の動きに翻弄され続けているが、アラブの王族たちの資産の増減も同様だ。

王室7 ブルネイ・ダルサラーム国 ハサナル・ボルキア国王

Haji Hassanal Bolkiah Mu'izzaddin Waddaulah

〝石油成金王〟の仰天富豪エピソード

〝東南アジアの石油王国〟ブルネイは、ボルネオ島の北にあり、海とマレーシアに接している。領土面積は三重県とほぼ同じ約5800㎢で、島全体の面積の1％にも満たず、人口は宮崎市並みの40万6000人だ。

こんなちっぽけな国なのに、王宮は部屋数1788室、浴室257で、バッキンガム宮殿の2倍半という豪壮さ。しかもイスラム世界の君主「スルタン」の称号を持つ国王は、「世界の王族長者番付」の〝ビリオネアの常連〟である。これも、ひとえに石油資源のおかげ。国王の資産は原油価格に左右され、2兆〜4兆円である。

国王の名はハサナル・ボルキア。

初代から数えて29代目のこの王様、「普通の富豪」とはスケールが違う。2009年に2億円もの振込詐欺の被害にあったが、蚊に刺された感覚。なにしろ、芸能誌が飛びつくような「カネに関する武勇伝」には事欠かない御仁なのだ。

【エピソード１】ジャグジー付きの特別仕様ボーイング７２７を発注したが、使い勝手が悪いとすぐに手放した。

【エピソード２】50歳の誕生日にギャラ10億円でマイケル・ジャクソンを呼び、東南アジア最大の遊園地「ジュルドン・パーク」で入場無料コンサートを開いた。入場者6万人。

【エピソード３】車好きが高じてフェラーリ、ポルシェ、メルセデス・ベンツ、ベントレーなど、世界の名車を数百台単位で買い漁った。その数５０００台。

【エピソード４】キプロス島で開かれた英連邦首脳会議に出席したとき、ホテルマンにチップ１８００万円を差し出した。

【エピソード５】ホテルを予約するのが面倒だといって、買ってしまった。ロンドンの「ザ・ドーチェスター」、アメリカの「ビバリーヒルズホテル」などがそれ。

国王には12人の子がいるが、豪快さにかけては王子も負けてはいない、次男アブドゥル・アジム王子は、プライベートジェット機でＮＹへ飛び、資産５００億円といわれる歌手マライア・キャリーに6億円相当の宝石をプレゼントした。

日本は「液化天然ガス」売込みの上得意

２０１４年春、国王が買収したビバリーヒルズホテルが新聞種《だね》になった。イスラム教にのっとった厳罰新刑法を5月から段階的に施行すると発表したのだが、その中身が「同性愛は投石処刑」などとなっていたからビバリーヒルズ市議会が猛反発、「ホテル売却を求める決議案」を可決し、市民グループも呼応する騒ぎに発展した。

しかし国王は、金持ち喧嘩せず。〝知らぬ顔の半兵衛〟を決め込んだ。

ブルネイの国民の暮らしはどうなのか。王室が贅の限りをつくせば国民も黙っていないが、国民は王室に感謝尊敬こそすれ、文句などいわない。なぜなら、所得税も教育費も医療費もゼロで、老いたら年金ももらえるからだ。

「ブルネイ」の語源はサンスクリット語の「水上の建物」で、３万人が住む水上都市は今日もあるが、住宅も病院も警察もすべて水の上に建てられ、板の道路が張り巡らされている。

日本はブルネイの上得意先だ。ブルネイ産出の液化天然ガスの90％（1位）、石油の7％（6位）を買っている。

しかし、このようなブルネイの繁栄は永遠に保障されているわけではない。埋蔵量110億バレルとされるブルネイの原油は、早ければ２０２５年頃には枯渇するとの予想が出ているのだ。

一方、近年の世界的傾向として、どの国も環境汚染の観点から石油や石炭の化石燃料の使用を減らしているという逆風も吹いており、ブルネイは石油依存体質を脱却し、産業の多様化へと国策の舵《かじ》を切りつつある。観光に力を入れているのも、そのためだ。

王宮は、ふだんは解放されていないが、断食明け《ラマダン》の3日間に限って国民に解放され、国王・王妃と握手できる。AKBのメンバーが「ファンとの握手会で手が腫れた」とよくいっているが、国王・王妃が握手する人数は桁はずれ。観光客も3日間に押しかける人の数は毎年10万人前後である。1日平均3万人超。これは並大抵のことではない。

これを狙った日本人ツアーも多く組まれている。

ハサナル・ボルキア国王の略歴

1946年7月16日生まれ

13歳（1959年）……英国自治領に

15歳（1961年）……皇太子となる

21歳（1966年）……英国陸軍士官学校へ留学

22歳（1967年）……即位（第29代スルタン）

38歳（1984年）……英国から完全独立。首相・蔵相・内相を兼務

40歳（1986年）……首相・国防相を兼務
51歳（1997年）……首相・国防相・蔵相を兼務

王室8 モロッコ国王

ムハンマド6世

◆映画祭で国起こし

Mohammed VI

資産25億ドルの国王

名画「カサブランカ」は、第二次大戦の戦火が迫る仏領モロッコが舞台だ。1942年に製作された。

「昨日どうしてたの？」

「そんな昔のことは覚えてないね」

「今夜、会えるかしら？」

「そんな先のことなんてわからないよ」

と心地よいテンポで展開する男女の絶妙な会話、「君の瞳に乾杯！」など随所に散りばめられたキザな名セリフ、酒場のピアノで弾き語りする名曲「時の過ぎ行くままに《アズ・タイム・ゴーズ・バイ》」、ハンフリー・ボガートとイングリッド・バーグマンの名優対決などが、70数年が過ぎた今も語り草になっている。

アフリカ北西部に位置するモロッコは、1911年にフランスとスペインの保護下におかれ、独立を果たすのは1956年だ。王国のムハンマド6世は3代目。1963年生まれなので、「カサブランカ」に描かれた当時のことはまったく知らないが、父王ハッサン2世は13歳。当時の状況を覚えている。

モロッコでは君主の号は代々「スルタン」だったが、祖父王ムハンマド5世のときに「国王」に変更した。父王ハッサン2世は、1961年に即位すると、立憲君主制を敷いて強権政治を行ったことから2度も暗殺されそうになったが、1999年に70歳で崩御。長男のサイディ・ムハンマド王太子がムハンマド6世として王位に就いた。王は17世紀に起源を持つ「アラウィー朝」の第23代国王である。

2001年に始まった「マラケシュ国際映画祭」は、ムハンマド6世の提唱だ。モロッコの楽園マラケシュ、迷宮都市フェズなど、モロッコには世界遺産がいくつもある。国王が住む首都ラバトの王室は、東京ドーム10個分の敷地に1864年に建てられた。王宮は、これを含めて国内17か所に散らばっており、その資産は莫大なものだ。「フォーブス」誌は、その金額を25億ドル（約2250億円）と推定。「世界で最も裕福な王族」（2011

年）の7位にランク付けしたのである。

王室9 リヒテンシュタイン侯国 ハンス＝アダムス2世

おとぎの国の裏の顔

Hans Adam II.

リヒテンシュタインは、オーストリアとスイスに接したミステリアスな国で、「公国」または「侯国」と呼ばれている。侯国とは「侯の称号がある君主の統治する小国」をいい、日本でいえば江戸時代の「藩」のような存在でありながら、幾多の戦乱をくぐり抜け、その間、大国に併合されずに「侯国」として今日まで生き延びてきた。

しかも、同国は世界で6番目に小さい国で、小豆島ぐらいしかない。そんな国なのに、君主のハンス＝アダムス2世が「世界で最も裕福な王族」（2011年）の5位にランキングされたのだ。資産額40億ドル（約3600億円）は、ドバイ首長と同位だった。「そんな金は一体、どこから⁉」というのが侯国のもうひとつのミステリーだが、理由は簡単。同国は〝タックスヘイブン（租税回避地）としてのプライベートバンク大国〟なのだ。

プライベートバンクは「富裕層向けの金融サービスで、顧客の秘匿性が強い」のが特徴。早い話が「隠し口座」がつくれる「脱税の温床」として重宝されてきたのだ。隣国スイスがその代表格だったが、近年はアメリカなど諸外国から圧力で秘匿性が弱まったものの、それでも「税金ゼロ」が効いて、今も世界の富豪から頼りにされる金融機関だ。

侯国の歴代君主リヒテンシュタイン家は、侯国のプライベートバンクの代表「ＬＧＴグループ」の株式を１９３０年に大量に保有している。

日本人もＬＧＴグループを利用していて、税務署にばれたことがある。２００８年に死亡した帝京大学元総長で、15億円を侯国の銀行に隠匿していたのが２０１０年にばれて、国税庁に追徴された。２０１３年には、アメリカが「９００件約３４０億円（３億４０００万ドル）の無申告口座があった」と侯国に通告、同国は７％程度を詫び料として払った。

２０１２年秋から翌年春にかけてリヒテンシュタイン公爵家が秘蔵する絵画展が東京などで開催され、ルーベンスの絵画など３万数千点のなかから１３９点が公開されたが、それらはかつてナチスに狙われた高価なお宝である。

第4章

IT成金になる「チャンス鷲掴みの原理原則」

21世紀もIT産業は花盛り。アップルやマイクロソフトはすでに古豪の大企業の観があるが、ジェフ・ベゾスのアマゾン、フェイスブック、ツイッターなど「ネット産業の隙間」を狙って起業・成功し、株式公開で億万長者となる〝21世紀型ビリオネア〟が続々登場。若手の躍進も目立っている。

「世界長者番付」の16位の最年少大富豪マーク・ザッカーバーグ（30歳）（IT「フェイスブック」／米）、19位ラリー・ペイジ（41歳）（IT「グーグル」／米）、20位セルゲイ・ブリン（41歳）（IT「グーグル」／米）らだ。

大富豪予備軍――若いIT長者が続々誕生

ロックフェラー、カーネギーらの時代に大富豪になった者は、総じて家が貧しく、ろくに学校へも行けず、小さい頃から苦労し、裸一貫から一代で財を成したというパターンが多かった。

だが、時代は変わり、1990年代のIT革命以後は、裕福な家に育った高学歴の頭脳優秀な連中がいとも簡単に起業し、あれよ、あれよという間に大富豪になったというパターンに変わってきた。ラリー・ペイジとセルゲイ・ブリンが好例だ。

ラリーの父はミシガン州立大学の教授で、母も同大学の教師。セルゲイの父もメリーランド大学の教授で、母はNASA（アメリカ航空宇宙局）の研究員。どちらもインテリの家庭で育っている。セルゲイ・ブリンは、6歳のときにソ連から移住した。両親は東欧系ユダヤ人で、ラリー・ペイジの母はユダヤ人という共通点もある。富豪にはユダヤ人の血を引く者が多いというのも、大きな特徴である。

惜しくも20位からひとつこぼれた20代の大富豪がいた。「フェイスブック」の創業者マーク・ザッカーバーグだった。

2014年版の番付発表時には彼は弱冠29歳。ひとつ上の19位に香港の大富豪李嘉誠《リカシン》がい

35歳以下のヤング・ビリオネア　ベスト20

	ビリオネア名	年齢（歳）	資産額（億ドル）	世界順位	主な特徴
1	マーク・ザッカーバーグ（米）	30	334	16	「フェイスブック」の創始者
2	ダスティン・モスコヴィッツ（米）	30	79	170	ザッカーバーグの大学寮のルームメイトで、「フェイスブック」の3人目の従業員。独立し、ソフトウェア会社「アサナ」創設。
3	スコット・ダンカン（米）	32	62	230	石油・天然ガス会社「エンタープライズ・プロダクツ・パートナーズ」創業者の末子
4	揚恵妍（中）	33	50	309	不動産開発の「カントリー・ガーデン・ホールディングス」創業者の娘で副会長。美人と騒がれた。
5	エドゥアルド・サヴェリン（米）	32	48	330	フェイスブックを創設した仲間の一人。退社し、シンガポールを拠点に投資会社経営。
6	エリザベス・ホームズ（米）	31	45	360	画期的な検査手法を発明して臨床会社「セラノス」創業。女性で最年少の世界富豪。
7	トム・パーソン（スウェーデン）	30	30	603	ファストファッション会社「H&M」の創業者の次男で、映画製作者。兄がH&M社長。
8	マリエ・ベスニエ・ボーヴァロ（仏）	34	25	737	1933年設立の乳製品製造販売会社「ラクタリス」創業者の孫娘。
8	ショーン・パーカー（米）	35	25		音楽ファイルの共有サービス会社「ナップスター」共同創業者だったが、同社は破産。フェイスブック初代社長も務め、現在は投資家。
10	タチアナ・カシラギ（米）	29	22	847	コロンビアの麦酒会社創業家「サント・ドミンゴグループ」の孫で、姉と弟。祖父が2011年に死去、それぞれ遺産を6分の1相続。弟はNYでDJをし、姉タチアナは2013年にモナコ公国のカシラギ公子（グレース・ケリーの孫）と結婚。
10	フリオ・マリオ・サント・ドミンゴ3世（米）	31	22		
12	ブライアン・チェスキー（米）	31	19	1006	旅行者向け世界の空部屋（宿泊施設）サイト「エアビーエンドビー」（Air bnd）の共同創業者3人。役割分担は、チェスキーCEO、ブレチャージクCTO、ゲビアCPO。
13	ネイサン・ブレチャージク（米）	33	19		
14	ジョー・ゲビア（米）	33	19		
15	アントン・カトラインJr（独）	30	17	1118	世界有数の通信技術専門会社「カトライン・ベルケ」創業家の3代目。2012年に父死去、後継者に。
16	エヴァン・スピーゲル（米）	24	15	1250	スマホ向けの写真・動画共有アプリ「スナップチャット」を共同で開発し、会社創業。
16	ボビー・マーフィー（米）	26	15		
18	ライアン・グレイブス（米）	31	14	1324	世界55か国のタクシーサービス会社「ウーバー」の最初の社員。
19	ドリュー・ヒューストン（米）	32	12	1533	クラウドを利用した写真・動画共有サービス会社。「ドロップボックス」の共同創業者。
20	ファハド・ハリリ（レバノン）	34	11	1638	ラフィク・ハリリ元レバノン首相の遺児。不動産開発。

た。李の年齢は85歳。祖父と孫といった年齢の開きがあった。そんな序列関係だったが、翌2015年には逆転するのだから面白い。

両年を対比すると次のようになる。カッコ内は2014年。

マーク・ザッカーバーグ　16位334億ドル（21位285億ドル）＋49億ドル

李嘉誠　17位333億ドル（20位310億ドル）＋23億ドル

李も資産を増やしているが、マークの方がその倍も増やしたことで、わずか1位違いではあるが、ランキング逆転となったのだ。時流に乗っている者とそうでない者の差ということか。

世界ランク16位

マーク・ザッカーバーグ

Mark Elliot Zuckerberg

フェイスブックで一攫千金、資産334億ドル

"史上最年少の大富豪神話"のヒーロー

「フェイスブック」の創業者マーク・ザッカーバーグの2015年の資産額は、334億ドル。前年の285億ドルから17％増で、世界ランキングも21位から16位へと上昇した。

マーク・ザッカーバーグの大富豪への道は、「恋人に振られたことへの腹いせ」から始まった。

超名門校ハーバード大学2年に在学していた2003年秋のことである。1984年5月14日生まれだから、そのとき19歳だ。

マーク・ザッカーバーグは、酔った勢いでブログに彼女の悪口を書き込んだが、気持ちがおさまらず、女子学生の顔写真やデータを使った比較評価サイトを立ち上げた。すると、このストーカーまがいの行為が男子学生の人気を呼び、他大学にも広がって、やがて世界の人々を熱狂させるネットビジネスへと発展するのだ。世界最大のSNS（ソーシャル・ネットワーク・サービス）「フェイスブック」（Facebook）の誕生である。

フェイスブックは、創業した2004年2月から4年半後の2008年8月にユーザー数が1億人を突破。まさに昇竜の勢いだったが、これはほんの序章に過ぎず、2009年4月に2億人、2010年5億人、2012年1月8億人、2013年11億人と、会員数は燎原の火のように広がり続け、その間の2010年、マーク・ザッカーバーグは「フォーブス世界長者番付」の212位に躍り出た。

かくて、マーク・ザッカーバーグは資産40億ドル。〝最年少大富豪〟という金字塔を打ち立て、世界史に残る若きヒーローとなったのだ。

その年の秋にはフェイスブックの誕生秘話を描いた映画「ソーシャル・ネットワーク」が全米で公開され、大人気となっただけでなく、この映画は「アカデミー賞」8部門にノミネートされ、脚色・作曲・編集の3部門で受賞、〝ザッカーバーグ神話〟のひとつとなった。

2011年から4年間で199億ドル増

マーク・ザッカーバーグの資産はその後も増え続け、2011年は3倍増の135億ドルで35位。2015年の資産334億ドルと比べると、半分にも満たないが、それでも当時の為替レートで1兆1475億円。億万長者どころではない、立派な〝兆億長者〟だった。

2014年10月、3度目の来日をしたマークは、「広告収入の7割はモバイルだが、早い時期からモバイルを使っていた日本が参考になった」と話した。「そろそろ頭打ちではないか」という声に対し、「世界人口の3分の2はまだインターネットにつながっていない」と鼻息は荒い。

その発言を裏付けるかのように、フェイスブックのユーザー数は2014年に13億5000万人を突破、世界で最もユーザー数の多いSNSとなっている。

フェイスブックの企業ポリシーは異色の「ハッカー・ウェイ」(Hacker Way)。ハッカーとは「コンピュータへの侵入」という意味ではなく、「継続的・反復的に改善していく経営手法で、製品やサービスには完成はなく、改良し続ける精神」だそうで、新人は「ブートキャンプ」(新兵訓練プログラム)で「ハッカー・ウェイ」を鍛えるのだという。

世界のフェイスブック・ユーザー数推移

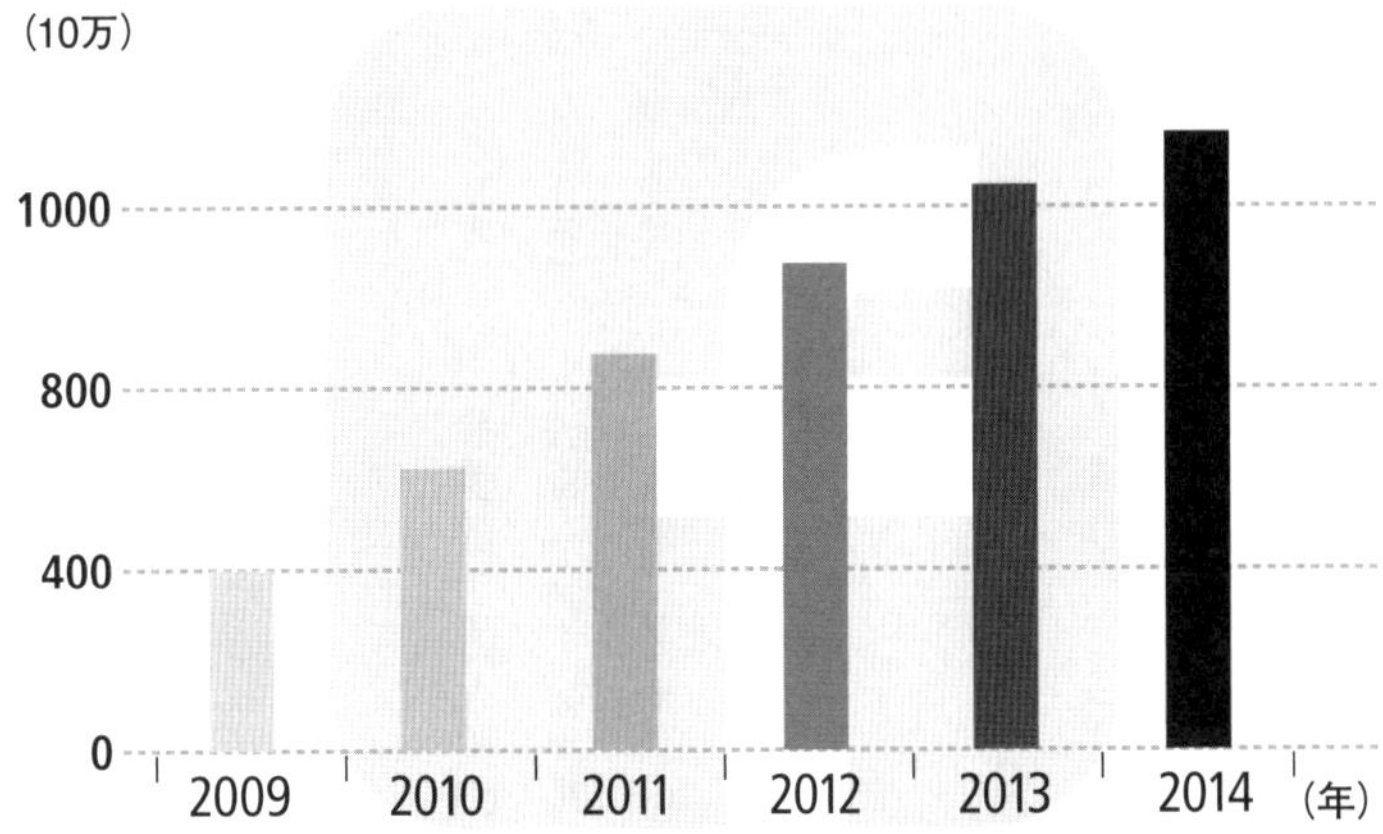

そんな異色企業を率いるマーク・ザッカーバーグの富豪への方程式は、

「企業にしようと思って始めたわけではない。世界をもっとオープンに、人々をつなげるというソーシャルなミッションを果たすために立ち上げた。だが、重要課題を解決し、多くの人をまとめるには豊富な資金を持つ強力な企業の設立が最良策と知った」

　欲に駆られて始めたのではないといえるのは、億万長者の余裕だ。

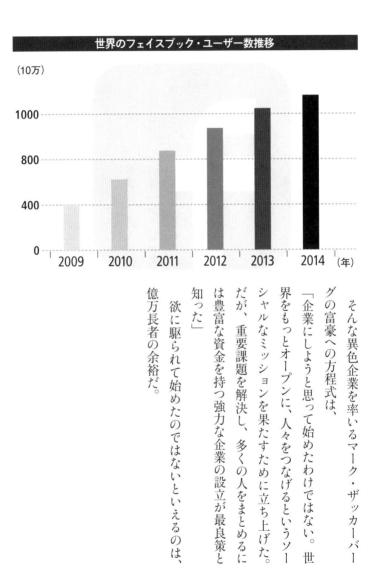

マーク・ザッカーバーグの略歴

1984年5月14日生まれ

19歳（2003年）……SNSを始める（ハーバード大2年）

20歳（2004年）……「フェイスブック」創業

24歳（2008年）……会員数1億人突破

26歳（2010年）……映画「ソーシャル・ネットワーク」公開。

26歳（2010年）……「世界で最も若い10人の億万長者」（フォーブス）1位

26歳（2010年）……タイム誌「パーソン・オブ・ザ・イヤー」に選出

27歳（2011年）……フォーブス「世界長者番付」52位（1兆1475億円）

28歳（2012年）……結婚（大学同窓生で医学博士プリシラ・チャン）
株式公開（28・2％保有）

30歳（2014年）……長者番付ランキング21位（資産285億ドル）
3度目の来日（パートナー企業向け特別イベント）

世界ランク19位・20位

ラリー・ペイジとセルゲイ・ブリン

Lawrence Edward "Larry" Page,Sergey Mikhailovich Brin

グーグル創業6年で時価総額33兆円

名門大学博士課程の頭脳が合体

アメリカのIT長者には、一流大学・大学院の理数系学部で学んだ者が多い。検索エンジンの最大手「グーグル」の共同創業者ラリー・ペイジとセルゲイ・ブリンが、まさにそれである。2人は、名門校のスタンフォード大学の博士課程に在学中に知り合い、シリコンバレーがIT革命の熱気にあふれる1998年9月に起業した。

ラリー・ペイジとセルゲイ・ブリンが創業するには100万ドル必要だったが、インターネット関連企業などが活況を呈していた時期でもあり、サン・マイクロシステムズの共同創業者アンディ・ベクトルシャイムが10万ドルを提供するなど、短期間に必要な金を集めている。時の運に恵まれることも、大富豪への必須条件なのである。

だが、天井知らずに暴騰し続けていたIT関連株は、2000年を過ぎた頃に天井を打ち、そこから一転して下げ続け、2002年には56万人ものIT失業者が米国内にあふれた。

そういう時期を生き延びたグーグルは、創業から6年目の2004年8月に株式を公開した。

公募価格は80ドルだったが、初値は100ドルをつけた。

ラリー297億ドル、セルゲイ292億ドル

株式上場から9年が経過した2010年10月18日、グーグルの株価は初めて1000ドルを突破、1011ドル41セントでその日の取引を終えた。時価総額は3370億ドル（約33兆円）に達し、アメリカの企業ではアップル、エクソン・モービルに次ぐ3位に浮上した。

その勢いは検索エンジンのシェアにも表れている。現在のグーグルのシェアは、日本で90％以上、アメリカでも80％以上とライバルを圧倒している。2014年版の「世界長者番付」の順位は、ラリーが17位323億ドルでセルゲイは18位320億ドルである。前年が20位と21位だったから、順位こそさほど上昇していないが、資産額はかなりアップした。前年はラリー230億ドル、セルゲイ228億ドルだったから、2014年の対前年比はラリーが40・4％、セルゲイは40・3％と大幅増である。

そして2015年。ラリー・ペイジ19位297億ドル、セルゲイ・ブリン20位292億ドルへと大躍進を遂げた。どちらもまだ41歳という若さである。

世界ランク15位

ジェフ・ベゾス

"ネットビジネスの覇者"

Jeffrey Preston Bezos

アマゾンの創業者ジェフ・ベゾスは、世界ランクではマーク・ザッカーバーグよりひとつ上、資産額でも4億ドル多い。

ジェフ・ベゾスが、母校プリンストン大学の卒業式に招かれたのは、２０１０年5月30日。卒業生へのスピーチを依頼されたのだ。同校を卒業してから24年後、アマゾンを起業して15年後である。

この年のジェフ・ベゾスの「世界長者番付」のランキングは、前年の68位68億ドルから43位１２３億ドル（1兆１１００億円）へと躍進していた。

そうした自信に裏付けられたスピーチのテーマは「才能と選択」。そこで述べたのは、彼自身の生き方や経営の基本となっている項目は、後述する10か条だった。

安定した生活を棄てて、未知数の世界に挑戦する道を選ぶきっかけは、１９９４年春に目にした「ＷＷＷ（インターネットで使われているＨＴＭＬ文書などのシステム）利用率が対前年比２３００％増」というデータだった。この数字を見て「インターネット書店」のアイデアを思いつき、起業からわずか3年後の１９９７年には株式公開を果たすのだ。

2011年30位181億ドル、2012年26位184億ドル、2013年19位252億ドルと世界長者順位を着実に上げてきた2013年8月6日、「ワシントン・ポスト」本社ビルの電光掲示板にニュースが流れた。

「ワシントン・ポスト紙がアマゾンの創業者ジェフ・ベゾスに売却された」

買収価格約50億ドル。発行部数こそ全米で第5位だが、1887年設立の老舗新聞社だ。ネットビジネスの覇者が狙っているのは〝メディア王〟なのか。

2015年のジェフ・ベゾスの資産は、ベルナール・アルノー、マイケル・ブルームバーグに継ぐ15位の348億ドル。2014年の18位320億ドルから確実に資産額を増やし、順位も着実に上げたのだった。

ジェフ・ベゾスの「大富豪への10か条の成功方程式」

①惰性的に生きるか、情熱的に生きるか？（Will inertia be your guide, or will you follow your passions?）

②常識に従うか、独創的であろうとするか？（Will you follow dogma, or will you be original?）

③楽な道を選ぶか、冒険と思える道を選ぶか？（Will you choose a life of ease, or a life of service and adventure?)

④批判されたら、落ち込むか、信念を貫くか？（Will you wilt under criticism, or will you follow your convictions?)

⑤間違えたと気づいたら、意地を張るか、素直に謝るか？（Will you bluff it out when you're wrong, or will you apologize?)

⑥恋をしたとき、傷つくのが嫌で黙っているか、行動するか？（Will you guard your heart against rejection, or will you act when you fall in love?)

⑦安全第一か、多少なりとも向こう見ずな行動を取るか？（Will you play it safe, or will you be a little bit swashbuckling?)

⑧難局に直面したら、諦めるか、チャレンジするか？（When it's tough, will you give up, or will you be relentless?)

⑨冷笑家のスタンスでいくか、創造家になるか？（Will you be a cynic, or will you be a builder?)

⑩他人を蹴落としてでも上手くやりたいか、他人を思いやりたいか？（Will you be clever at the expense of others, or will you be kind?)

※プリンストン大学でのスピーチより

ジェフ・ベゾスの略歴

1964年1月12日生まれ（ニューメキシコ州）

22歳（1986年）……プリンストン大学を主席で卒業。金融通信会社「ファイテル」に就職

24歳（1988年）……バンカーズ・トラストへ転職

26歳（1990年）……ヘッジファンド「D.E.Shaw&Co.」に転職

30歳（1994年）……インターネット書店「カダブラ.com」開業

31歳（1995年）……「アマゾン」に社名変更

33歳（1997年）……5月に株式公開

36歳（2000年）……航空宇宙企業「ブルーオリジン」設立

42歳（2006年）……クラウドコンピューティングのサービス開始

43歳（2007年）……「キンドル」発売

46歳（2010年）……母校プリンストン大学の卒業式でスピーチ

IT成金

ジャン・コウムとブライアン・アクトン

ワッツアップの共同創業者は落ちこぼれ

Jan Koum,Brian Acton

入社試験に落ちた2人、2兆円で買収されてビリオネアに！

ITワールドは戦国乱世の時代。一夜にして勢力地図が塗り変わる。シリコンバレーでは、「世界長者番付」の主力となった〝IT成金長者〟が、「天下盗り」を狙って虎視眈々と現ナマ作戦を展開中だ。

2014年2月19日、スマホ向けのメッセンジャーアプリでLINEなどに後れをとっていた「フェイスブック」が、190億ドル（約2兆円）もの巨費を投じて、メッセンジャーアプリの大手「ワッツアップ」（WhatsApp）を買収したと発表、IT業界に地殻変動を引き起こした。

190億ドルの内訳は、現金40億ドル、株式120億ドル、2人の共同創業者に付与した株式30億ドルとなっていた。190億ドルという買収金額は突出していた。

2014年に楽天が買収したメッセンジャーアプリ「Viber」（ユーザー3億人）は9億ドルに過ぎず、2011年にマイクロソフトが買収したインターネット電話サービス「スカイプ」の85億ドルや、グーグルが買収した「モトローラ・モビリティ」の125億ドルをはるかに超えていたのだ。

〈WhatsApp〉という社名らしくない奇妙な社名は、〈Whats'sUp?〉（どうしてる？）と〈App〉（アプリ）の合成語というから、遊び感覚だ。

そんな奇妙な会社を創設したのは、ジャン・コウムとブライアン・アクトン。ジャンは1976年にウクライナで生まれたが、16歳のときにアメリカへ渡り、大学時代にブライアンと出会い、相棒誕生。ブライアンはジャンより4つ年上のアメリカ人だ。境遇が違う2人だったが、意気投合し、一緒にフェイスブックの入社試験を受けた。

だが、2人とも袖にされ、ヤフーへ一緒に入社。そこでメッセージングアプリを共同開発、2009年に退社して「ワッツアップ」を起業すると、これが大当たりするのだから、人生、万事塞翁が馬だ。この〝逆玉物語〟には〝男版シンデレラ物語〟のオマケがついていた。ジャンは、かつて入社できなかったフェイスブックの取締役にもなれたのだ。

世界ランク14位 ブルームバーグ創業者 マイケル・ブルームバーグ Michael Rubens Bloomberg

大富豪だからできたNY市長の1ドル報酬

1ドル――マイケル・ブルームバーグが第108代ニューヨーク市長として受け取った報酬だ。

こんな離れ業は、誰にもできることではない。彼が「世界長者番付」14位355億ドルの資産家だからできたことである。

マイケル・ブルームバーグの年々の資産額は安定しており、2012年は20位220億ドル、2013年は13位270億ドル、2014年は16位330億ドル。市長に専念していても資産は増え続けていたのだ。

マイケル・ブルームバーグがニューヨーク市長に初当選したのは、2001年の9・11テロ事件後の政治的に難しい時期だったが、多大な功績を挙げた。

彼は、それ以前から全米有数の慈善事業家として知られ、ニューヨーク市民の評価は高かったので、議会は「3選禁止」の法律を改正したほどだった。その結果、マイケルは異例の12年という在任期間になったのだ。

マイケル・ブルームバーグは、ジョン・ホプキンス大学を経てハーバード・ビジネススクールへ進み、MBAを取得。大手証券会社ソロモン・ブラザーズに就職して共同経営者《パートナー》にまで出世したが、同社が証券取引会社に買収されたことから退社。1981年に金融・経済を中心とする総合情報通信会社「ブルームバーグ」を起業して、ウォール街の情報端末を発売して巨富を得たが、少年期から弱者に温かい目を向け、ボランティアを重視してきた。

マイケル・ブルームバーグは、「自分は過去を振り返らない楽観的な性格なので、今日一日が最良の日だと思ってずっとやってきた」といい、「われわれが生きている世界は、○か×かのデジタルな世界ではない。どちらでもない部分が多い」と考えている。

2010年に行われた過去30年の歴代ニューヨーク市長の人気投票では1位に輝き、2013年末の任期満了で退任した。

報酬1ドルというのは、法律で無報酬が認められないための金額で、ブルームバーグは12年間に12ドルもらったことになる。市長としての本来の報酬は19万5000ドル（約2300万円）なので、もし12年間もらっていたとすると、合計金額は234万ドル（約2億7600万円）になった。

世界ランク31位

カール・アイカーン

Carl Icahn

あっと驚く〝乗っ取り老王〟のIT作戦

アップルにツイッターで宣戦布告

ニューヨーク5番街の超高級マンションに住むカール・アイカーンは80歳近いが、意気軒昂で2014年の資産総額は3兆円に迫った。米金融情報大手「ブルームバーグ」が2013年9

月に発表した「世界で最も影響力のある50人」にも選ばれた。

カール・アイカーンの戦場は、多くの金融機関がひしめくウォール街だ。若い頃は学業が苦手。名門プリンストン大学（哲学専攻）に入学したものの、中退。ニューヨーク大学（医学専攻）に転じたが、続かず中退。25歳でウォール街に飛び込んでみたら、水が合っていた。

32歳で独立し、自分の名をつけた投資会社「アイカーン・エンタープライズ」を設立するのだ。以後、ウォール街とともに歩んできた。投資金額に対する同社のリターン（年率）は2012年20・2％、2013年30・8％と高い。

カールは、そうした実績にものをいわせ、「アクティビスト」（ものいう投資家）を自称。彼のことをよく知らない人は、「富裕層、機関投資家などから金を集めて株などに投資して資産運用」する仕事内容から「ヘッドファンドマネージャー」といったりするが、そんな生やさしいものではない。

人呼んで〝乗っ取り王〟。

15兆円は下らない豊富な手持ち資金にものをいわせて、狙った企業の株を買占め、要求を突きつける。TWA（トランスワールド航空）、テキサコ、ヒューレット・パッカード、デルなど、餌食になった名門企業は数知れないのである。

そして2013年夏、アップルに魔手を伸ばした。武器はツイッター。

「アップルのティム・クックCEOといい話し合いができたよ」（8月10日）
そうつぶやいた瞬間、475ドルだったアップルの株価が10ドルも上がり、翌日500ドルをつけた。だが、話し合いはうまくいかず、2014年に突入。
「たった今、アップル株を5億ドル分、買い増した」（1月28日）
そしてカールは「宣戦布告」のつぶやきを発するのだ。
「もうすぐ書簡を送る」（10月9日）
老いてますます盛んなカール・アイカーンの2015年の資産順位は、堂々の31位235億ドル。彼のすぐ上には28位ステファン・パースン245億ドル、29位ジョージ・ソロスと王健《ワンジェン》林《リン》242億ドルがいる。僅差である。

カール・アイカーンの略歴

1936年2月16日生まれ

血のつながらない父はユダヤ教の伝教師、母は学校教師

21歳（1957年）……プリンストン大学（哲学専攻）中退

21歳（1957年）……ニューヨーク大医学部中退

25歳（1961年）……ドレフュスに入社（オプション取引など体験）

32歳（1968年）……投資会社「アイカーン・エンタープライズ」Icahn & Co.設立
42歳（1978年）……株式取得開始
75歳（2011年）……総資産125億ドル
76歳（2012年）……年収1900億ドル
78歳（2014年）……総資産235億ドル（2兆8500億円）

Keith Rupert Murdoch

世界ランク77位
ルパート・マードック
世界を支配する〝メディア王〟

メディア帝国の資産は意外に少ない⁉

「えっ、そんなに少ないの⁉」と不思議な感じがする大富豪がいる。

ニューズ・コーポレーションの総帥で、〝メディア王〟と異名を取るルパート・マードックのことだ。2015年の資産は、75位の孫正義より2億ドル少ない139億ドルで、77位なのである。

事業への関与を徐々にフェードアウトしてきたルパート・マードックではあるが知名度に比べて、資産も順位も低すぎる。その倍以上あってもおかしくないようなイメージがあり、何かカラクリがあるのではないかと思えてくる。

ルパート・マードックは1931年生まれで80代半ばだが、老いてますます盛んである。2013年11月20日にニューヨーク裁判所で記者会見し、「夫82歳、妻44歳の〝年の差婚〟が破綻、3人目となる中国系妻との離婚」を発表。慰謝料は2度目の妻に払った額を目安とした。17億ドルである。

ルパート・マードックの名が日本で有名になったのは1996年。孫正義と盟約を結んで旺文社保有のテレビ朝日株21・4％を取得したと発表したときだ。この買収劇は失敗に終わるが、マードック・孫連合軍は攻略の矛先をCS放送に向け、スカパーの大株主になる。

転んでもただでは起きない。それが大富豪になる秘訣のひとつといえるかもしれない。

〝スカパー〟ことスカイパーフェクTVは、1998年5月に誕生した。CS放送の草創期でディレクTV、JスカイB、パーフェクTVの3社が乱立し、「何百チャンネルもの似たような有料テレビを流して誰が見るのか」という声が上がり、JスカイBとスカイパーフェクTVが対等合併して生まれたのだ。

スカパーの筆頭株主はニューズ・コーポレーション、ソフトバンク、ソニー、伊藤忠、フジテレビの5社で、各11・375％を保有した。

次男がメディア王国を継ぐ

ルパート・マードックはオーストラリア人だが、国籍はアメリカである。FOXテレビをアメリカに創設するときに、外国人を排除する通信法の規制に直面し、1986年にアメリカに帰化したのだ。

ルパート・マードックの運命を変えたのは、父親の急死だった。彼は1950年からイギリスのオックスフォード大学に留学していたが、1952年に地方新聞社を営んでいた父が急死したために帰郷して経営を引き継がざるを得なくなった。そして「買収」に目覚め、数年で主要都市の新聞を次々と買収して注目を浴びるのだ。

海外進出は、イギリスの大衆紙「ザ・サン」を買収した1969年以降である。1976年にはアメリカのタブロイド紙「ニューヨーク・ポスト」を買収、1981年に18世紀創刊の英紙「タイムズ」を買収する。同紙は老舗も老舗、1785年創刊という世界最古の日刊紙だが、マードックは、新聞王を目指したのではなく、メディア王を目指していた。

1935年創業の米大手映画会社「20世紀フォックス」も買収。2004年にはグループ売上の7割を占めるアメリカに本社を移し、その3年後に経済紙「ウォール・ストリート・ジャーナル」を買収するなど、巨大なメディア・コングロマリットを築いたのである。

ルパート・マードックには6人の子（2男4女）がいる。最初の妻とは娘1人、次が2男1女、3番目が2女だったが、「骨肉の後継者争い」を繰り広げたのは2番目の妻との間にできた3人の子だった。次男がメディア王国の後を継ぐことで決着した。

第5章

ウーマン・ビリオネア&ビリオネア・ファミリーの「遺産相続の鉄則」

「ウーマン・ビリオネア」や「ビリオネア・ファミリー」も気になる。「女性の時代」といわれて久しいが、ビリオネアに女性が占める割合は1割強（197人）にすぎず、彼女らは「ビリオネア・ファミリー」の一族として遺産相続したケースがほとんど。ウーマン・ビリオネアとファミリー・ビリオネアは不即不離の関係にあるといえる。

ビリオネア・ファミリーは創業家の一族だが、ウォルトン家、マース家、デュポン家などのように、一族の結束が強く、子々孫々へスムーズに巨富と創業理念が継承された「繁栄型ファミリー」は少ない。

多いのは、遺産相続に失敗して経営権を手ばなしたグッチ家、後継者不在で人手に渡ったティファニー家、遺産相続をめぐる骨肉裁判に発展したサムスン家など「滅亡型ファミリー」だ。

相続例1 ウーマン・ビリオネア

世界に197人

「ウーマン・ビリオネア」は51〜97歳

世界に1826人いるビリオネアのうち、女性は197人。約10・8％と少ないが、それでも1年前より25人も増えている。

ウーマン・ビリオネアは、創業者の未亡人・娘・創業者の息子の未亡人といったところで、たったひとりで起業して巨富を得たというのではないところが共通点である。彼女らの年齢は、若くて51歳、最高齢は97歳で、平均74・7歳と決して若くはない。

世界長者番付のベスト10に入っている女性は2人だけだ。世界最大の小売業「ウォルトン」の創業者一族のクリスティ・ウォルトンとフランスの大手化粧品会社「ロレアル」の創業者のひとり娘リリアンヌ・ベタンクール。クリスティは60歳、リリアンヌは92歳だ。

父親の莫大な遺産を引き継いだリリアンヌ・ベタンクールは、資産401億ドルで世界ランキング10位である。ロレアル株を買い増して保有率33％とし、配当収入が増えて、前年より36億ドルも資産が膨らんだ彼女は、〝世界長者番付ベスト20の常連〟で、〝大富豪女王〟といっ

「ウーマン・ビリオネア」ランキング　ベスト10（2015年）

順位	ビリオネア名	年齢（歳）	資産額（億ドル）	世界順位	主な特徴
1	クリスティ・ウォルトン（米）	60	417	8	世界最大小売業「ウォルマート」創業者の次男の未亡人
2	リリアンヌ・ベタンクール（仏）	92	401	10	フランスのトップ化粧品会社「ロレアル」創業者の娘
3	アリス・ウォルトン（米）	65	394	11	世界最大小売業「ウォルマート」創業者の娘
4	ジャクリーン・マース（米）	75	266	22	「M&M'S」チョコで有名なアメリカ大手食品会社「マース」創業者の娘
5	マリア・フランカ・フィッソロ（伊）	97	234	32	チョコスプレッド「ヌテラ」が大ヒットのイタリア食品会社「フェレロ」創業者の息子の未亡人（創業者は2015年2月死亡）
6	ローレン・パウエル・ジョブズ（米）	51	195	45	IT企業「アップル」創業者スティーブ・ジョブズの未亡人
7	アン・コックス・チェンバース（米）	95	170	53	巨大メディア「コックス・エンタープライズ」創業者ジェイムズ・コックスの娘
8	スザンネ・クラッテン（独）	52	168	54	1ドイツ大手自動車会社「BMW」を倒産危機から救ったヘルベルト・クヴァントの長女
9	ヨハンナ・クヴァント（独）	88	139	77	BMWのヘルベルト・クヴァントの秘書を経て3番目の妻、スザンネの母
10	アイリス・フォントボナ（チリ）	72	135	82	チリの鉱山王の未亡人

た存在である。

ウーマン・ビリオネアの3位は、ウォルトン一族のアリス・ウォルトン。創業者の長女で、資産額は394億ドル。ウォルトン・ファミリーの詳細は後述するので、ここでは触れない。

4位も有名企業の創業者の遺産相続組だ。碁石型のチョコレート「M&M'S」で有名なアメリカの大手食品会社「マース」の創業者の娘ジャクリーン・マース（75歳）である。同社は、彼らの父フランク・マースが1911年に起業し、2代目のフォレスト・マースが飛躍させた。

ジャクリーンの資産は、2人いる兄のフォレスト・マースJr（83歳）、ジョン・マース（78歳）と同額の266億ドル。世界順位も3兄妹そろって22位である。マース一族は〝ウォルマートの小型版〟。ウォルトン家同様、一族の結束が強く、喧嘩が起きないように資産も平等に分配されている。これも「一族繁栄の必須条件」なのだ。

相続例2
ウォルトン一族
共存共栄の典型
Walton family

No.1は創業者の次男の嫁

「ビリオネア・ファミリー」No.1と「ウーマン・ビリオネア」No.1は、世界最大の小売り企業「ウォルマート」の創業家ウォルトン家が占めている。なにしろ、ベスト20に一族4人がひしめき合っているのだから、目立たない方が不思議だ。

8位　**クリスティ**（創業者の次男の妻）……417億ドル
9位　**ジム**（創業者の3男）……406億ドル
11位　**アリス**（創業者の長女）……394億ドル
12位　**ロブソン**（創業者の長男）……391億ドル

※次男は故人

リリアンヌ・ベタンクールを押さえて「女性長者世界一」のクリスティ・ウォルトンは、「ウォルマート」の創業者の次男ジョン・ウォルトンの妻。夫が2005年に飛行機事故死した悲劇の寡婦で、亡夫の莫大な遺産を相続したシンデレラ・ガールである。

クリスティの資産は、前年が367億ドルで、前々年は282億ドル。ビリオネアのトップ圏にいて、さらに資産が増え続けるのだから笑いが止まらない。

富の蓄積には一族の結束が不可欠

創業家一族が力を合わせてビジネスの発展に貢献し、ビリオネアとして輝く。そういう理想的な結束を見せて、ビリオネア番付の上位を独占している観を呈しているのがウォルトン一族ということができる。

ウォルトン家で注目すべきは、創業者の長女アリス・ウォルトンだ。65歳のアリスの資産は、前述したようにウーマン・ビリオネア№3で394億ドル。世界長者ランキングでは11位につけている。創業者の血を引きながら、血を引かない兄嫁のクリスティより資産が少ないことが、両者の関係がうまくいっている理由のひとつではないだろうか。

彼女がヒラリー・クリントンと親しい点も注目点だ。ヒラリーがウォルマートの顧問弁護士をしていた時期に懇意になった。次期大統領選では資金面からヒラリーをバックアップすることは明らかで、当選後、両者の関係はより密になると思われる。

この4人以外にも、265位にランキングされた親族がいる。創業者サム・ウォルトンの姪アン・ウォルトン・クロエンキー、66歳である。265位といっても資産額は56億ドルもあり、前年も48億ドル。庶民から見れば、雲の上の存在だ。

彼女の夫スタンリー・クロエンキーは、1983年にスポーツ・不動産関連企業「ザ・クロエンキーグループ」を創設しており、2015年の資産額は63億ドル（前年56億ドル）で225位。夫婦合わせると資産は119億ドルになる。

America's billionaire family

相続例3

アメリカの「ビリオネア・ファミリー」

185家の特徴

〝死の商人〟一族の資産150億ドル

アメリカは、途方もない国だ。経済大国、軍事大国、IT大国に加えて〝富豪大国〟。

2014年に「フォーブス」が発表したデータによると、アメリカには、億万長者の血を引く「ビリオネア・ファミリー」が185家も現存している。

その代表格が、アメリカの3代財閥に数えられるデュポン一族である。〝死の商人〟と謗られながら巨富を蓄積したデュポンの創業は、今から2世紀以上も昔の1802年。同家は、ビリオネア一族のなかでも最も歴史が古く、子孫も繁栄した。2015年現在、デュポン家の血を引くファミリーの数は3500人にも達するのである。

デュポン一族3500人分の資産を合算した額は150億ドルと「フォーブス」誌は計算している。株式配当などが主な資産で、1人あたりの平均資産にすると428万8571ドルになる。一族の総資産が10億ドルを超える「ビリオネア・ファミリー」の順位では13位だが、堂々たる「ミリオネア」であり、日本なら文字通りの「億万長者」である。

ビリオネア・ファミリーのなかでダントツの1位は、ウォルマートの創業家ウォルトン一族だ。総資産額は6人で1520億ドル。日本円でいうと15兆円を軽く超えている。これは2014年の数字で、2015年はさらに増え、前述した4人だけで1608億ドルに達している。

結束の固い一族が繁栄

2位のコーク一族にしろ、3位のマース一族にしろ、4位のカーギルにしろ、長く生き残るビリオネア・ファミリーには、共通する「成功方程式」が存在する。親子兄弟姉妹の仲がよく、遺産をめぐる争うを起こさないという点だ。「結束が固い一族」は、繁栄するのである。

「ベスト20」の顔ぶれを創業時期の違いで分けると、次のようになる。

19世紀前半　**デュポン、メロン、ジョンソンソン。**

19世紀後半　**ブッシュ、ハースト、カーギル、コックス、SCジョンソン、ブラウン、ドランス。**

20世紀前半　**マース、コーク、ジフ、ハント、ニューハウス、プリッカー、ローダー、チャールズ&ルパート・ジョンソン。**

20世紀後半　**ウォルトン、ダンカン。**

Wbillionaire

アメリカの大富豪の一族総資産ランキング　ベスト20

順位	一族名	人数（人）	資産額（億ドル）	1人あたり（億ドル）	企業名	創業（年）	業種
1	ウォルトン	6	1520	253	ウォルマート	1962	小売り
2	コーク	4	890	222	コークインダストリーズ	1925	石油
3	マース	3	600	200	マース	1911	菓子
4	カーギル	9	430	47.7	カーギル	1865	穀物
5	ジョンソン	4	390	97.5	フィデリティ	1846	資産運用
6	ハースト	64	350	5.46	ハースト	1887	メディア
7	コックス	3	320	106	コックス・エンタープライズ	1898	メディア
8	プリッカー	13	290	22.3	ハイアット	1936	自動車
9	SCジョンソン	11	255	23.1	ジョンソン	1886	家庭用品
10	ダンカン	4	254	63.5	エンタープライズ・プロダクツ・パートナーズ	1968	石油 天然ガス
11	ニューハウス	2	170	85	アドバンス	1922	メディア
12	ローダー	6	155	25.8	エスティー・ローダー	1946	化粧品
13	デュポン	3500	150	0.0428	デュポン	1802	化学
	ハント	34		34	ペトロ・ハント	1934	石油・鉱山
15	ジフ	3	143	47.6	ジフ・デイヴィス・メディア	1927	出版
16	チャールズ&ルパート・ジョンソン	5	140	28	テンプルトン	1947	投資
17	ブッシュ	30	130	4.33	バドワイザー	1876	ビール
18	ドランス	30	128	4.26	キャンベルスープ	1882	食品
19	メロン	200	120	0.6	メロンバンク	1841	金融
20	ブラウン	25	116	4.64	ブラウンフォーマン	1870	酒造・酒販

※「フォーブス」が 2014 年に発表したデータに基づいて作成。

相続例4

ハーシーズvsマース

チョコレート富豪対決

The Hershey Company vs Mars' Incorporated

子どもがいるか、いないかが分かれ道

アメリカは、チョコレートの消費量では世界10位に入らないが、生産量はダントツの世界一。そのお膝元のアメリカ市場のシェアの3分の2を制しているメーカーは、「ハーシーズ」（ザ・ハーシー・カンパニー／HERSHEY'S）と「マース」（MARS）である。

ハーシーズはミルトン・ハーシーが1894年に創業し、マースはハーシーズに遅れること17年、フランク・マースが1911年に創業したが、両社の考え方は対照的だ。

ハーシーズがチョコレート専業なのに対し、マースはチョコ以外にアイスクリーム、クラッカーのほか、ペットフードも手がけている。ハーシーズは上場しているが、マースは非上場という点も異なる。

マースの創業者の子孫が世界長者番付の上位に顔を出しているのに対し、ハーシーの方は創業者に子どもがなかったこともあり、孤児のために学費・医療費無料の職業訓練学校（現ミルトン・ハーシー・スクール）を設立、その運営資金として6000万ドルを寄付しており、世界

長者番付とは無縁である。

一方、マース一族は、創業者の孫であるフォレスト・マースJr（83歳）、ジョン・マース（78歳）、ジャクリーン・マース（75歳）の3人兄弟妹の2015年の資産は、それぞれ200億ドルで世界長者番付の22位につけている。

マースの5原則

マースを躍進させたのは、3人の父親である2代目フォレスト・マースである。1920年代に戦争下にあったスペインを訪問したとき、砂糖でコーティングされたチョコレートを兵隊が食べているのを見てアイデアが閃き、帰国後の1940年に会社を創設。翌年、夏場でも溶けないカラーチョコ（茶・黄・オレンジ・赤・緑・紫の6色）を米軍兵士向けに販売。この商品で、父親の初代フランクがヌガーとピーナッツを入れたスナックバー「スニッカーズ」で築いた土台の上に磐石な世界的な製菓会社を構築したのである。

マース一族繁栄の秘訣は、同社が1983年に発表した「マースの5原則」と呼ぶ企業規範にある。

マースの「大富豪への5つの成功方程式」

①品質の原則　私たちは常に、大切なお客様に対して質の高い価値ある製品を適正な価格で提供することを目指します。

②責任の原則　個人として責任を持って行動し、アソシエイトとしてお互いが責任を遂行できるよう協力し合います。

③互恵の原則　持続可能な利益は、共に恩恵を分かち合うことで成り立ちます。

④効率の原則　私たちが最も力を発揮できることのみに、限りある資源を効率的に、無駄なく使用します。

⑤自由の原則　私たちの将来について自ら決定できる自由を維持し、そのために利益を創出します。

相続例5

リリアンヌ・ベタンクール

耄碌《もうろく》した〝ロレアルの女帝〟

大手化粧品会社の母娘バトル

「大富豪は相続でもめるのではないか」などと、ごく普通の人間は、つい余計な心配をしてしまいがちだが、フランスに本社がある世界最大の化粧品会社「ロレアル」の創業家では、まるで絵にかいたような紛争が実際に起きたのである。

2015年1月26日、ボルドーの裁判所で、ロレアル創業家のひとり娘で大株主でもある大富豪のリリアンヌ・ベタンクールから億の金を詐取したとされる10人の公判が開始された。その騒動のきっかけをつくったのは、彼女のひとり娘フランソワーズだった。創業者ウージェンヌ・シュエレールの孫娘が自分の母親リリアンヌを訴訟したのだ。

フランソワーズには2人の息子がいる。ロレアルの役員会は、2012年に25歳の息子をリリアンヌの代わりに選任、バトンタッチは済んでいる。だが、ロレアル創業家の遺産相続がどうなるかは未定だ。

リリアンヌ・ベタンクールは、政治家アンドレ・ベタンクールと結婚して夫の姓に変わっているが、その夫は2007年に死去している。

リリアンヌ・ベタンクールは、ロレアルを1909年に創業したウージェンヌ・シュエレールが32歳のときの子だが、5歳のときに母に死なれ、育ててくれた父も1957年に76歳でこの世を去り、孤独な境遇となった。

だが、その不幸を補って余りある富を手に入れた。30歳の若さでロレアル株式30%を相続し、〝ロレアルの女帝〟として君臨し続けることができたのだ。ロレアルは7万7000人もの従業員を擁し、世界130か国でビジネスを展開、連結売上高（2013年度）は229億ユーロ（3兆2604億円）で、資生堂の4倍以上の企業規模だ。

リリアンヌ・ベタンクールの2015年の資産は401億ドル。「フランスで最も裕福な女性」であるだけでなく、世界長者番付ではクリスティ・ウォルトンと「ウーマン・ビリオネア」のナンバーワンを毎年競っている大富豪なのである。

5年間で資産倍増〝女の底力〟

リリアンヌ・ベタンクールは、1999年に女性初の世界長者番付トップ10入りを果たすと、世紀をまたぐ上位常連となった。彼女のここ数年間の資産推移を追ってみると、2010

年２００億ドル（17位）、２０１１年２３５億ドル（15位）、２０１２年２４０億ドル（15位）、２０１３年２９０億ドル（9位）、２０１４年３４５億ドル（11位）、２０１５年４０１億ドル（10位）となっており、５年で資産倍増だ。

その理由は、２０１４年にネスレが保有していたロレアル株８％を彼女が買い取り、ベタンクール家の保有率を33％にアップしたからである。日本円にすると２０１５年の資産が５兆円近い。

彼女は、１９２２年生まれ。すでに90歳を超え、いつ死んでもおかしくない年齢に達している。だが彼女の一人娘フランソワーズは、母の死まで待てず、２００８年に訴訟を起こした。母がぼけて、25歳年下の写真家の愛人に約14億５０００万円も貢いだというのだ。貢いだ金額は、その後、総額で４億５０００万ユーロ（約５００億円）に達することが判明する。

その裁判の過程で、娘が母の電話を盗聴していたことやスイスの隠し預金約９億３６００万円や約５００億円はする母名義のセイシェルの島を隠し持っていたのを税務署が突き止めるというオマケまで飛び出したが、もっと凄いことが明るみに出た。

サルコジ前大統領への政治献金疑惑である。２００７年のフランス大統領選を控えたサルコジが、自ら女帝宅に足を運び、選挙資金として15万ユーロ（約１６６０万円）を受け取ったというのだ。フランス国内は上を下への大騒ぎになった。相続をめぐる骨肉の争いが政治紛争に発展したのである。

リリアンヌは2006年に認知症になったと診断され、2011年から家族の保護下に置かれている。一方、サルコジは「ベタンクール事件」では2013年秋に不起訴となったが、2014年夏、「積極的汚職行為」などを理由に当局に身柄拘束され、起訴されるなど波乱万丈である。

相続例6

ティファニー

長男の後継拒否で創業家頓挫

Tiffany & Co.

ティファニー銀座本店ビルを孫正義が買収

「ティファニー銀座本店ビルを、ソフトバンクの孫正義社長が320億円で購入」

というニュースが流れたのは、2013年10月1日のことだった。

銀座2丁目にある同ビルは、ゴールドマン・サックスの不動産ファンドが2007年に380億円で購入していたが、期限までにローンを返済できなかったために、ローン残高250億円を残して、銀行筋がアジアで不動産投資・開発事業を行うAPL（アジア・パシフィック・ランド）という会社に売却。それを孫が購入したというのである。

その2日後、ソフトバンクの株価が高値をつけ、時価総額で三菱UFJ銀行を抜いて2位になり、同社株を20%保有する孫正義の資産は1兆8087億円に膨らみ、配当金だけで96億円との報道もなされた。

孫は、その6か月前にシリコンバレーに1億1750万ドル（約108億円）の豪邸を購入しており、野次馬的な関心を呼ばずにはおかなかった。

孫正義の資産は、2014年が184億ドル（1兆8400億円）で、「フォーブス」誌の世界長者番付の42位、2015年は141億ドル（1兆6900億円）で75位である。

ソフトバンクは、上場したアリババの37%を保有している。

創業家と縁が切れたティファニー

ニューヨークに本社ビルを構える「ティファニー」は、世界に冠たる高級ブランドだ。創業は1837年。日本でいうと江戸時代である。

チャールズ・ルイス・ティファニーが25歳のとき、少年時代からの親友ジョン・B・ヤングと文房具と装飾品の店「ティファニー&ヤング商会」をブロードウェイ259番地にオープンしたのが始まりで、資本金はチャールズの父親から借りた。その額、たったの1000ドル。初日の売上は4ドル98セントだった。

ジョンの妹ハリエットと結婚したチャールズが幸運をつかむのは、創業から11年目の1848年。フランスで二月革命が勃発、貴族は宝石を現金に替えて海外へ逃亡した。チャールズは、そのタイミングを逃さず、二束三文で入手しまくった。

そのなかには、マリー・アントワネットの遺品やルイ15世の宝石類もあり、宝石商としての地位を確立。1853年には経営権を共同経営者たちから買い取って単独経営とし、社名も「ティファニー&Co.」に変え、ブロードウェイ550番地に移転した。

ビジネスは順風満帆で、チャールズは1860年に「マレー・ヒル」と呼ばれる高級住宅街のマディソン街に4階建ての家を建てて移り住んだ。すぐ近くに〝金融王〟モルガンの大邸宅があった。

チャールズは跡継ぎ息子のルイスにも恵まれ、経営者にふさわしい大学に進ませようとしたが、芸術的な才能があったルイスは拒否し、画家になった。

1902年、チャールズは、後事をC・T・クック副社長に託して90年の生涯を閉じる。

創業から118年後の1955年、ティファニーはウォルター・ホーヴィングに買収され、創業家とは完全に縁が切れた。こういう形で消滅していく大富豪一族もあるのだ。オードリー・ヘップバーン主演の映画「ティファニーで朝食を」が公開されて大ヒット、「ティファニー」の名が日本でも有名になるのは、それから6年後、1961年のことである。

相続例7
ローレン・パウエル・ジョブズ（アップル創業者・故スティーブ・ジョブズ未亡人）
Laurene Powell Jobs
「慈善事業」という選択肢

夫唱婦随を心がけたアメリカ婦人

ローレン・パウエルが、8歳上のスティーブ・ジョブズとスタンフォード大学の教室で出会ったのは1990年。講演に来ていたスティーブが、彼女の隣の席にたまたま座ったからだった。ローレン・パウエル、1963年生まれ。スティーブ・ジョブズ、1955年生まれ。20代後半の女と30代半ばの男の出会いである。

彼女は、大学を卒業してメリルリンチ・アセット・マネジメントとゴールドマン・サックス・グループに勤めた後、スタンフォード大学のMBA課程で学んでいた。

そのときスティーブは、アップルを追放され、ジョージ・ルーカスから買い取ったCGアニメ制作会社「ピクサー」のCEOをしていた。

やがて2人は恋に落ちて翌年挙式するが、以後、ローレン・パウエルは、夫のスティーブを目立たないようにサポートしながら、その一方で地道に慈善活動を続けた。

危険がないところに成功はない

スティーブ・ジョブズの残した言葉には重みがある。彼が時代を変える「ｉＰｏｄ」や「ｉＰａｄ」をつくったからではない。自分が創業した会社を追い出される辛さを経験しているからだ。彼は富を得る目的で商品づくりをしていない。画期的な商品が富をつれてきたのだ。性格はかなりエキセントリックで、問題ないとはいえないが、その発想力・先見性は他社の追随を許さなかった。

まだ誰もやっていない商品づくりには不安が伴うが、スティーブ・ジョブズはそれを決して恐れなかった。

「ボブ・ディランやピカソは失敗や危険を冒した。偉大になりたければ、危険を冒せ」

ｉＰａｄの発表会では、こう強調した。

「これはハートのためのツールだ。人の心に触れることができれば、可能性は無限となる」

それまでにない商品というだけでは売れない。進んだ消費者の琴線に触れるもの。それが商品開発の基本。だが、欲を出すなと、スティーブ・ジョブズは釘を刺した。

「何かを捨てないと前へは進めないのだ」

スティーブ・ジョブズは2005年6月、スタンフォード大学の卒業式でスピーチをし、歴史に残るあの有名な言葉を口にした。

「ハングリーであれ、愚かであれ」

スティーブ・ジョブズが死んで3年後の2014年の世界長者番付で、ローレン・パウエルは73位。資産140億ドル（1兆4000億円）。その内訳は、スティーブが残したアップルの株式550万株、ピクサーを売却して得たディズニーの株式ほか約115億ドル（約1兆1500億円）となっていた。

スティーブ・ジョブズの略歴

1955年2月24日生まれ

17歳（1972年）……リード大学に入学・中退

19歳（1974年）……3年後にアタリのエンジニアに

21歳（1976年）……「アップルコンピュータ」設立（自宅ガレージ）

AppleⅠ（666・6ドル）発売　マイク・マークラ参加

22歳（1977年）……AppleⅡ（1298ドル）、人気化

25歳（1980年）……株式公開、富豪に
29歳（1984年）……Macintosh発売
30歳（1985年）……CEOを解任され、NeXT設立
31歳（1986年）……ピクサーCEO就任
41歳（1996年）……アップル復帰
43歳（1998年）……iMac発売（黒字に）
45歳（2000年）……アップルCEO復帰
52歳（2007年）……iPhone、発売
56歳（2011年）……死去

相続例8

ロッテ財閥の2代目争い

韓国財閥の典型例

LOTTE Co., Ltd.

ロッテの創業家2代目の株争奪戦

「兄宏之（辛東主《シンドンジュ》）が菓子中心の日本、1歳違いの弟昭夫（辛東彬《シンドンビン》）はホテル中心の韓国の分

業経営体制」で仲良く棲み分けていると思われていたロッテの創業家で、〝骨肉の後継者争い〟が表面化したのは、2015年の1月初めだった。

兄の宏之がロッテ副会長、ロッテ副会長兼社長、ロッテアイス理事、ロッテホールディングス副会長など、すべての役職を解任されたのである。兄弟の父親で92歳のロッテグループ創業者重光重雄（韓国名：辛格浩《シンギョクホ》）の意向とされている。

10人兄妹の長男だった彼が日本でロッテを創業し、ガムの製造を始めたのは1948年。大成功し、10年後には韓国でも製菓業を開始。父親を会長に据え、弟たちを役員にしたが、主導権争いが絶えず、嫌気がさして事業を畳んだ。それでも故国への思いは強く、韓国に再進出し、多角化に乗り出し、成功するのは1967年だが、このときも骨肉の争いが起き、弟たちはすべて追放された。

血は争えないというべきか。今度はわが子が主導権争いを始めた。兄宏之が、父親の意に反して、韓国ロッテの中核会社「ロッテ製菓」の株を徐々に買い増して3・92％とし、弟の5・34％に迫ろうとしたために、後継者の座を奪われたとする見方が強い。

だが宏之は、韓国ロッテの中核企業「ロッテホテル」の筆頭株主であるロッテホールディングスの株式の18％を保有し、さらには認知症が疑われる父を味方につけて起死回生を目論んでいることから、このままでは終わらないだろうといわれている。

韓国財閥の報酬（2014年）ランキング

順位	名前	役職	報酬額（億ウォン）
1	鄭夢九《チョン・モング》	現代《ヒュンダイ》自動車会長	215.7
2	金升淵《キム・スンヨン》	韓火《ハンファ》会長	178.5
3	趙亮鎬《チョ・ヤンホ》	韓進《ハンジン》会長	60.99
4	崔信源《チェ・シンウォン》	SKC会長	47
5	具本茂《ク・ボンム》	LG会長	44.23
6	辛東彬《シン・ドンビン》	ロッテ会長（辛格浩《シン・ギョクホ》の次男）	43.5
7	趙錫来《チョ・ソクレ》	暁星《ヒョソン》会長	40.63
8	李雄烈《イ・ウンヨル》	コーロン会長	36
9	辛英子《シン・ヨンジャ》	ロッテ理事長（辛格浩《シン・ギョクホ》の長女）	35.67
10	辛格浩《シン・ギョクホ》	ロッテ創業者（統括会長）	31.75
11	玄貞恩《ヒョン・ジョンウン》	現代《ヒュンダイ》会長	28.24
12	朴賛求《パク・チャング》	錦湖《クムホ》石油化学会長	27.84
13	李富真《イ・ブジン》	ホテル新羅《シルラ》社長（李健熙《リ・ゴンヒ》の長女）	26.15
14	鄭義宣《チョン・ウィソン》	現代《ヒュンダイ》自動車副会長（鄭夢九《チョン・モング》の長男）	24.91
15	朴容晩《パク・ヨンマン》	斗山《トゥサン》会長	23.32

創業家の2代目にしてこのような骨肉の争いである。3代目に代替わりする頃まで創業家が安泰であるという保証はない。

相続例9　グッチ

相続失敗で「GUCCI」ブランド失う

Gucci

グッチ家が教える相続の難しさ

皮革製品の高級ブランド「グッチ」の創業家は、遺産相続が原因で1921年に創設した会社を1993年に手放しただけでなく、「GUCCI」というブランドそのものまで使用できなくなった。しかもその2年後には、創業者の孫が妻に殺されるというスキャンダラスな事件も起きた。

グッチの創業者グッチオ・グッチは、1881年フィレンツェの小さな麦藁帽子工場を営むグッチ家の3男である。17歳でイギリスに渡ってホテルの皿洗いから身を起こし、3年後に故郷に戻って皮革店などで働いた後、「グッチ」を立ち上げた。家庭的には5男1女の子どもに恵まれたが、家業を手伝ったのは3男アルドと5男ロドルフォの2人だけ。

アルドは1905年生まれ、ロドルフォは1912年生まれ。7歳違いの兄のアルドが会社を牽引し、資産960億ドル、店舗数500の規模へと飛躍させた。弟のロドルフォは、売れなかったが「元俳優」というキャリアを活かし、ソフィア・ローレン、オードリー・ヘップバーンを顧客にし、グレース・ケリーは結婚式の引出物にグッチのバッグを使うなど、ブランドイメージを高めた。

ケネディ大統領から「あなたは、ファッションのイタリア大使だ」とまでいわれたグッチの経営がおかしくなるのは、彼らの息子がマネジメントに参加するようになってからだ。

兄のアルドは、保有する50％株の10％を3人の息子に平等に分配したが、何かにつけて逆らう次男に業を煮やし、追放した。

弟のロドルフォは1983年に死去し、持株50％はひとりっ子のマウリチオが相続した。マウリチオは野心家で、追放された従兄弟と手を組み、持株を53・3％とした。

怒ったアルドは、自分の40％を2人の息子に分け与え、甥のマウリチオに対抗させようとした。だが、息子2人分を合算しても46・6％でマウリチオの53・3％には及ばず、マウリチオが社長の座を奪うことになった。しかし、経営能力に欠け、1993年についに全株をバーレーンに本社を構えるグローバル投資グループ「インベストコープ」に売却してしまい、グッチ一族と「グッチ」は何の関係もなくなってしまったのである。

そしてその2年後、マウリチオは、別居中の妻が雇ったマフィアに暗殺され、グッチ家は滅亡した。

第6章

躍進著しいアジア圏の「成り上がり必勝法」

以前は〝貧しい国の子だくさん〟と見られていた中国とインドだったが、労働人口の多さがプラスに働いて、〝老人大国〟日本の衰退をあざ笑うかのような大躍進を遂げている。
中国では、華僑のビジネスをまねた商法で成功し、ビリオネアが続々と誕生している。
2014年アメリカ492人、中国152人
2015年アメリカ536人、中国213人
増えた数だけ見ると、アメリカ44人増、中国61人増で、たいした違いはないように思えるが、対前年比増加率で比べると、アメリカ8.94%増、中国42.1%増で爆発的な増え方をしていることがわかる。恐るべし、中国！

ビリオネアでも世界を席捲

馬雲《ジャックマー》

21世紀の練金仙人

〝中国の天馬〟、NY市場で「時価総額25兆円」の大暴れ

２０１４年9月26日、ニューヨークの証券取引所に、麒麟児ならぬ〝馬児〟が登場し、証券マンたちの度肝を抜いた。「阿里巴巴《アリババ》」の創業者の馬雲《ジャックマー》のことだ。

馬雲の願いを込めたアリババの魔法の呪文「アブダカラブラ」が通じたのか、公開値68ドルの株価は、初値92・7ドルをつけ、93・８９ドルの終値で引けた。上場初日の終値の時価総額は約25兆円。ライバル企業アマゾンの時価総額約16兆円を軽く一蹴する勢いは、まるで天馬だった。

初日の売買高は取引開始からわずか10分で1億株を突破、最終的には約2億７１００万株に達した。2年前に上場した「フェイスブック」の5億８０６０万株には及ばなかったが、前年上場の「ツイッター」の1億１７７０万株の1・7倍だった。

馬雲の上場前の資産は84億ドルである。それが２５０億ドル（約2兆７１００億円）。3倍に化けたのである。羅馬《ローマ》は1日にして成らずだが、馬《マー》は1日にして成った。一攫千金

アジアの大富豪ランキング（2015年）　ベスト30

順位	名前（国名）	世界順位	資産（億ドル）	年齢（歳）	事業分野
1	李嘉誠《リ・カシン》（香港）	17	333	86	多角経営
2	李兆基《リ・シャウキー》（香港）	27	248	87	不動産
3	王健林《ワン・ジェンリン》（中国）	29	242	60	不動産
4	馬雲《ジャック・マー》（中国）	33	227	50	IT
5	李河君《リ・ヘジュン》（中国）	38	211	47	ソーラー
6	ムシュケ・アンバニ（インド）	39	210	57	石油化学
7	柳井正（日本）	41	202	66	小売り
8	ディリップ・シャンヴィ（インド）	44	200	59	医薬品
9	アジム・プレムジ（インド）	48	191	69	IT
10	馬化騰《ポニー・マー》（中国）	56	161	43	IT
11	郭炳江《トーマス・クオック》・郭炳聯《レイモンド・クオック》兄弟（香港）	58	159	66	不動産
12	李彦宏《ロビン・リー》（中国）	62	153	46	IT
13	シブ・ナダール（インド）	66	148	69	IT
14	鄭裕彤《チェン・ユー・タン》（香港）	71	144	89	多角経営
15	ヘンリー・シー（フィリピン）	73	142	90	多角経営
16	孫正義（日本）	75	141	57	IT
17	タニン・チャラワノン（タイ）	81	136	75	食品
18	呂志和《ルイ・チェウー》（香港）	82	135	85	カジノ
	ラクシュミー・ミッタル（インド）			64	製鉄
20	雷軍《レイ・ジュン》（中国）	87	132	45	スマホ
	チェロエン・シリワタナバクディー（タイ）			70	飲料
22	ロバート・クオック（マレーシア）	110	113	91	多角経営（砂糖王）
	李健熙《イ・ゴンヒ》（韓国）			73	電気・保険
24	劉鑾雄《ジョセフ・ラウ》（香港）	114	109	63	不動産
25	宗慶後《ゾン・キンホウ》（中国）	124	103	69	飲料
26	何享健《ヘ・キャンジャン》（中国）	125	99	72	家電製品
	王文銀《ワン・ウェニイン》（中国）			47	銅製品
28	アナンダ・クリシュナン（マレーシア）	129	97	76	電気製品
29	黄志祥《ロバート・ング》（シンガポール）	131	96	--	不動産
30	クマール・ビルラ（インド）	142	90	47	日用品

※「フォーブス」発表時（2015 年 3 月）の数字

中国人のビリオネア・ランキング（2015年）

順位	ビリオネア名	世界順位	資産（億ドル）	事業分野
1	王健林《ワン・ジェンリン》（60歳）	29	242	不動産大手「万達集団《ワンダ・グループ》」の創業者
2	馬雲《ジャック・マー》（50歳）	33	227	電子商取引「阿里巴巴《アリババ》」の創業者
3	李河君《リ・ヘジュン》（47歳）	38	211	クリーンエネルギー企業「漢能持株集団《ハナジー・ホールディングス・グループ》」の創業者
4	馬化騰《ポニー・マー》（43歳）	56	161	アジア最大のインターネット企業「騰訊《テンセント》」の創業者
5	李彦宏《ロビン・リー》（46歳）	62	153	中国最大の検索エンジン「百度《バイドゥー》」の創業者
6	雷軍《レイ・ジュン》（45歳）	87	132	中国の大手ソフト会社「金山軟件《ジンジャン・ルアルジエン》」の創業者
7	宗慶後《ゾン・キンホウ》（69歳）	124	103	中国大手飲料メーカー「娃哈哈集団《ワハハ》」の創業者
8	何享健《ヘ・キャンジャン》（72歳）	125	99	家電メーカー「美的集団《ミデア・グループ》」（1968年〜）の創業者
	王文銀《ワン・ウェンニン》（47歳）			銅製品会社「正威集団《アマー・グループ》」の創業者
10	魏建軍《ウェイ・ジアンジュン》（51歳）	147	89	中国最大の自動車会社「長城汽車有限会社《グレート・ウォーター・モーター》」の会長

※年齢は 2015 年 3 月時点。

とはこのことだ。大株主だったヤフーや孫正義も、その恩恵に浴した。

活況を呈する証券取引所で、馬雲は辛かった15年前のことを頭に思い浮かべていたはずである。1999年、電子商取引の会社を起業しようと決意した馬だったが、6万ドルの融資を断られ、途方に暮れていた。友人たちに泣きついて何とか調達し、やっと「阿里巴巴」を立ち上げたのだった。

長者番付を発表している中国ビジネスサイト「胡潤百富《ワージワースバイフ》」は、早々と「2014年の中国大富豪1位は馬雲」と速報した。それまでのトップは王健林《ワンジェンリン》（中国最大の不動産業「万達集団《ワンダグループ》」創業者）の240億ドル（約2兆2500万円）で、以下、李河君《リヘジュン》（クリーンエネルギー企業「漢能持株集団《ハナジー・ホールディングス・グループ》」創業者）と宋慶後《ソンキンホウ》（中国最大の飲料会社「娃哈哈集団《ワハハ》」創業者）が同額の208億ドル、李彦宏《リヤンホン》（英語名ロビン・リー／検索エンジン「百度《バイドゥー》」の創業者）175億ドルが後続していた。

馬雲《ジャックマー》の2015年の資産額は227億ドルで、世界ランク33位。今後、どこまで駆け上る天馬となるかは未知数である。

香港のビリオネア

李嘉誠《リカシン》

アジアNo.1の大富豪

Sir Li Ka-shing

〝香港財閥〟の頂点に君臨

香港の別称は「李家城《リジアシエン》」である。「李嘉誠の城」という意味だ。

李嘉誠《リカシン》は、80代半ばなのに〝超人〟とか〝李超人〟と呼ばれている。2015年の資産は333億ドル、前年より23億ドル増やし、「フォーブス」誌の世界長者番付の順位も3つ上げて17位。アジア人トップである。ライバルの王健林《ワンジエンリン》に91億ドルの大差をつけている。

「長江実業集団《チョンコンホールディングス》」を率いて長年、香港財閥の頂点に君臨し続けてきた李嘉誠だが、年少期

香港の高齢ビリオネア・ランキング(2015年)

世界順位	ビリオネア名	資産(億ドル)	事業内容
17	李嘉誠《リ・カシン》(86歳)	333	複合企業「長江和記実業《CKハチソン・ホールディングス》」(「長江実業集団」の創業者)主席
27	李兆基《リ・シャウキー》(87歳)	248	不動産業「恒基兆業地産集団《ヘンダーソン・ランド》」の創業者
58	郭《クオック》兄弟(炳江《トーマス》・炳聯《レイモンド》、62歳・61歳)	159	アジア最大の不動産デベロッパー「新鴻基地産発展《サンフンカイ・プロパティーズ》」共同会長。兄は「香港史上最大の汚職事件」で14年末に有罪判決を受け、会長辞任
71	鄭裕彤《チェン・ユータン》(89歳)	144	多角事業「正威集団《アマー・インターナショナル》」の創業者・チェアマン
82	呂志和《ルイ・チェウー》(85歳)	135	マカオのカジノ王「ギャラクシー・エンターテインメント・グループ」会長

(参考) 2014年の順位も顔ぶれはほぼ同じで、1位李嘉誠(85歳)320億ドル、2位呂志和(84歳)210億ドル、3位李兆基(86歳)200億ドル、4位郭兄弟175億ドル、5位鄭裕彤(88歳)155億ドルで、高齢者が並んだ。出典:『鳳凰財経総合』

は過酷な暮らしを送った。1928年に広東省潮州に生まれ、育ったが、日中戦争の勃発で家族は1940年に英国統治領だった香港へ逃げ、時計商を営む叔父の家に身を寄せた。嘉誠、12歳である。

14歳で働きに出、金物屋の営業をしているときにブリキ製に変わるプラスチック製のバケツを見て衝撃を受け、17歳のときに「長江《チョンコン》プラスチック」という会社を立ち上げた。そして運命の瞬間が訪れる。業界誌に「イタリアでプラスチック製の造花の開発に成功」という記事を見て、事業化したいと考えるのだ。

だが、その記事には、それがどんな代物で、どうやって製造するのかといった肝腎なことが書かれていなかった。「ならば」とイタリアへ行き、造花工場で働くのである。「ホンコンフラワー」と命名した造花は、本物と見間違う精巧さで大ヒット。東アジアや欧州へも輸出し、世界シェアの8割を占める。

この事業で得た資金を元手にして李嘉誠は不動産業へ進出、「逆張り《ぎゃくば》」で大儲けするのだ。その時代、文化大革命の影響で労働争議が激化、香港全域に夜間外出禁止令が敷かれるなど物情騒然となったため、多くの市民が海外に逃げ、富裕層は不動産の狼狽売りに走り、地価は暴落した。そのとき嘉誠はそれらを買いあさったのだ。１９６７年のいわゆる「六七暴動」は12月には沈静化、やがて地価は値上がりし始めた。この「逆張り商法」こそが「李嘉誠式富豪の成功方程式」なのである。

馬雲に代表されるＩＴ長者たちが、さしたる苦労をせずに一攫千金を果たした「新世代の大富豪」であるのに対し、李嘉誠《リカシン》は少年期から苦労を重ねながら資産を蓄えた〝叩き上げ派〟の「旧世代の大富豪」といえる。

〝台湾の松下幸之助〟

王永慶《ワンヨンチン》の一族

遺産総額４兆円超の相続先

数は多いが小粒

２０１４年のビリオネア数　台湾28人、韓国27人、日本27人。

２０１５年のビリオネア数　台湾33人、韓国30人、日本24人。

この数字だけを見ると、台湾が突っ走っているように思えるが、世界ランキングでは同国トップの食品・飲料関連の蔡衍明《ツァイエンメン》（58歳）が資産89億ドル１４７位で、４００位までに入っているのは５人しかおらず、韓国に比べて全体に小粒なのが特徴だ。

〝台湾の松下幸之助〟王永慶《ワンヨンチン》が、出張先のアメリカで心筋梗塞に見舞われ、息を引き取ったのは、２００８年10月だった。

王永慶は台湾の代表的企業「台湾プラスティックグループ」（台塑集團《タイスージートゥアン》）の創業者で、亡くなる前年のフォーブス誌「世界長者番付」の82位、資産51億ドル（５２８６億円）と推定されていた。ところが、死後、現地メディアなどが報じた遺産額はゼロの数が違っていた。４兆６１００億円！　本家の松下幸之助の遺産の20倍近い金額だったのだ。

王永慶は、立志伝中の人物である。15歳で米屋の丁稚《でっち》になるが、独立心旺盛。１年後には自分の店を出し、やがて製材業を始めるが、大きな野望があった。政府が石油化学産業を育成すると知って「台湾塑膠《フォルモサプラスチック》」（台湾プラスチック）を起業するのだ。

公営の中国石油が採掘・輸送、原料生産など川上から川中までを担当し、王永慶のところは傘下の台塑石化《フォルモサペトロケミカル》や南亜塑膠工業《ナンヤプラスチックス》が川中から川下を担当することでうまく棲み分け、電子部品・運輸・医療・教育などの事業分野へも進出した。

台湾のビリオネア・ランキング（2015年）

世界順位	ビリオネア名	資産（億ドル）	事業内容
147	蔡衍明《ツァイ・エンメン》（58歳）	89	飲料食品「中国旺旺控股《ワンワンチャイナ》」
240	郭台銘《テリー・ゴウ》（64歳）	61	エレクトロニクス「鴻海精密工業《ホンハイ・プレシジョン》」創業者
259	林堉璘《リン・ユーリン》（79歳）	57	不動産「宏泰集団《ホンタイ・ジートゥアン》」
381	羅結《ルオ・ジェイェ》（89歳）	43	タイヤ「正新橡膠《チェンシンゴム》」
393	林榮三《リン・ロンサン》（75歳）	42	不動産・金融「聯邦銀行《リエンバン・インハン》」

資産107億円創業者の孫を射止めた

日本の本家〝経営の神様〟松下幸之助が亡くなったのは、昭和から平成へと元号が移った1989年。幸之助は、外にもうけた4人の子を認知しており、330億円が彼らに渡った。妻むめの1224億円、残りが娘と娘婿の松下正治への配分だったが、854億円も相続税にもっていかれた。

台湾では、王永慶の死から6年後の2014年10月、彼の孫でスマホの世界的メーカーHTCコーポレーションの会長王雪紅《ワンシュエホン》を叔母に持つ王仁泉《ワンチュアンレン》が、スポットライトを浴びた。日本人タレント佐藤麻衣と〝できちゃった婚〟をしたのだ。仁泉35歳再婚、麻衣34歳初婚。彼女は台湾のテレビ番組のオーディションに合格し、通っていた大学を休学、台湾へ渡って人気が出、ベンチャー企業を経営する資産約107億円（30億台湾ドル）の財閥御曹司と知り合い、玉の輿に乗ったのである。

インドのリライアンス財閥

ムシュケ&アニル・アンバニ兄弟

IT躍進大国の異色兄弟

「新興財閥」の破天荒な富豪ライフ

インド人もびっくりのニュースが流れたことがある。「サブプライムローン問題」でアメリカのバブルが崩壊して株価が大暴落、世界同時不況に発展した2007年、6兆円もの損をしたインド人の大富豪兄弟がいたというニュースだ。

1957年生まれの兄の名はムシュケ・アンバニ、1959年生まれの弟はアニル・アンバニ。タタ財閥、ビルラ財閥と並んで「インド3大財閥」と呼ばれている「リライアンス財閥」の2代目である。

この兄弟、互いをリライアンス（信頼）せず、仲が悪い。創業者の父が2002年に亡くなると激しく相続争いをした。見かねた母が仲裁に入り、兄はアンバニグループの中核である石油化学産業「リライアンス・インダストリー」のオーナー、弟は金融、通信、インフラ、電力、資源、メディア、ヘルスケアの7部門を引き継ぎ、「リライアンス・ADA・グループ」を設立することで一件落着したという経緯がある。

その不仲兄弟が仲良く「世界長者番付」に登場して〝アンバニ旋風〟を巻き起こしたのは、2008年と2009年のことだった。2008年の資産は兄5位431億ドル、弟6位420億ドル。もし2分していなければ資産851億ドルで、トップのウォーレン・バフェット620億ドルを軽く超えていた。

賢兄愚弟

アンバニ兄弟は株の大暴落で6兆円も失ったと書いたが、その内訳は兄ムシュケ2兆6900万円の損に対し、弟アニルは3兆1000万円の損。この差が響いたか、弟の方は2009年以降、世界長者番付の上位から姿を消す。

一方、兄ムシュケは2009年5位195億ドル、2010年4位290億ドル、2011年9位270億ドル、2012年22位3億ドル。2013年22位215億ドルと健闘してきたが、2014年は上位に入れなかった。

2015年のムシュケ・アンバニの資産は210億ドル。世界長者ランキングは39位だ

インドのビリオネア・ランキング（2015年）

世界順位	ビリオネア名	資産（億ドル）	事業内容
39	ムシュケ・アンバニ（57歳）	210	石油化学
44	ディリップ・シャンヴィ（59歳）	200	医薬品
48	アジム・プレムジ（69歳）	191	ソフトウェア
66	シブ・ナダール（69歳）	148	IT
82	ラクシュミー・ミッタル（64歳）	135	製鉄
142	クマール・ビルラ（47歳）	90	日用品

が、ＩＴ大国インドの人口は12億人をとうに超えており、２０２０年代半ばには中国を抜いて14億人に達し、ＧＮＰでも中国を凌駕するのではないかとも予測されている。ムシュケ・アンバニは、その頂点に立つ大富豪なのだ。

インドのグローバルＩＴ企業「ＨＣＬグループ」の総帥シブ・ナダール（創業者・ＣＥＯ）は資産１４８億ドルで世界ランキング66位。ムシュケ・アンバニに50億ドル以上も差をつけられている。

インド最大の老舗財閥タタ一族は品行方正な生き方を貫いているが、新興リライアンス財閥は、ムシュケが８３０億円もかけて新築した奇妙な豪邸といい、兄弟の名前のイニシャルが「Ｍ＆Ａ」（企業の合併・買収）といい、オカルト的大波乱が待っているのか⁉

Lee Kun-Hee

韓国財閥 1

李《イ》健《ゴン》熙《ヒ》

世界に冠たる「サムスングループ」総帥

ソニーを凋落させた元凶、倒る

韓国に激震が走ったのは、2014年5月10日の夜だった。サムスングループの李健熙《イゴンヒ》会長が急性心筋梗塞で意識不明に！　ただちに救急病院に搬送され、翌日、緊急手術が施された。

李健熙は1942年生まれ。早稲田大学商学部を卒業している。サムスン財閥の創業者李秉哲《イビョンチョル》の3男で、1987年にサムスン電子の会長に就任。同社を売上2090億ドル、米経済誌「フォーチュン」の「グローバル企業番付」の13位（2014）年にランキングされる世界企業に育てた立志伝中の人物である。

利益では4位で、9位のトヨタ自動車に100億ドル近い差をつけ、時価総額1663億ドル（2014年11月4日現在）を韓国企業トップ3で比較すると、2位SKハイニックス320億ドル、3位現代《ヒュンダイ》自動車317億ドルの5倍以上になる。

李健熙は、施術によって心肺機能を回復したが、もはや「韓国最大の財閥の総帥」に復帰することは絶望的となった。カリスマとしてトップダウン経営を行ってきただけに、影響は甚大。72歳という高齢でもあり、2012年に副会長に就いた長男在鎔《ジェヨン》が、跡目を継ぐのは時間の問題である。

世界有数のコングロマリットといってよい「サムスン財閥」を率いてきたカリスマ李健熙だが、「フォーブス」誌発表の「世界長者番付」の順位は、意外にも低い。102位なのだ。資産額は、前年から6億ドル下げて111億ドル。1位ビル・ゲイツの760億ドルの7分の1ほどしかない。前年の資産117億ドルの内訳を、中央日報が推算した。

「サムスン電子70億ドル＋サムスン生命40億ドル＋サムスン物産1億3080万ドル＋サムスン電子優先株1200万ドル＋現金配当金4億2500万ドル＋自宅1000万ドル≒117億ドル」

ただし、公表されていない宝石、金の延べ棒、美術品までは把握できないから、それらは計算外である。

創業者の父の遺産相続遺恨で法廷バトル

韓国は財閥の国。財閥があふれている。財閥10社の売上合計はGDP（国内総生産）の

75％、時価総額全体に占める比率は50％超に達している。そのなかで、サムスン（三星）、現代自動車、ＳＫ、ＬＧは「４大財閥」と呼ばれ、売上合計が韓国経済の50％を占める。なかでも、トップのサムスン財閥は67社の傘下企業２００社もの海外現地法人を擁し、社員総数25万人以上という巨大さで、２０００億ドルを超えるサムスングループの資産は韓国経済の４分の１に達しており、国の命運を握っている。

サムスングループは、大きく分けて、サムスン電子・サムスン電気などの「電子グループ」、サムスン重工業・サムスン石油化学などの「重化学グループ」、サムスン生命保険・サムスン火災海上保険などの「金融・保険グループ」、サムスン物産・ホテル新羅などの「貿易・サービスグループ」の４分野がある。

それらの企業を李一族が動かしてきた。その頂点に君臨して、絶対権力を振るってきた御大が李健熙という男だったのだ。

これまで幾度となく経営の危機に直面してきたサムスングループだったが、李健熙は、「妻と子ども以外はすべて変えろ」（１９９３年）に象徴される変わり身の早い〝君子豹変の朝礼暮改経営〟で乗り切ってきた。１９９４年には「ひとりの天才が10万人を食べさせる」と発言して人材確保を前面に打ち出し、１９９８年には「骨身を削る革新だけが競争力を高める」と革新性を説くなどしてサムスングループを飛躍へと導いたのだ。

韓国10大財閥の資産ランキング（2015年）

順位	財閥名	系列企業（上場企業）	グループ資産額（兆ウォン）	主な事業分野
1	サムスン	67社（18社）	351.5	電機・重工
2	現代自動車《ヒュンダイ》	51社（11社）	194.1	自動車・製鉄
3	SK	82社（16社）	152.4	通信・化学
4	LG	63社（12社）	105.5	電機・化学
5	ロッテ	80社（8社）	93.4	菓子・ホテル
6	GS	79社（8社）	58.5	石油・流通
7	現代重工業	79社（8社）	57.5	造船・機械
8	韓進《ハンジン》	46社（6社）	38.4	航空・物流
9	韓火《ハンファ》	52社（7社）	38.0	化学・金融
10	斗山《トゥサン》	22社（??社）	33.1	重工・建設

※2015年4月現在　1ウォン≒0.11円

その裏で、「一介のベンチャー企業」から「世界のソニー」へと発展したソニーを徹底的に研究しつくしてデザインや技術を盗んで、ついには〝本家越え〟を果たし、返す刀でパナソニックやシャープなどの日本のライバル企業を駆逐したのは、李健熙の采配に負うところが大きい。

李健熙が倒れた大きな要因と目されていることがある。２０１２年に勃発した〝サムスン家の相続遺恨〟。血のつながる高齢の兄や姉が彼を訴えたのだ。

サムスングループは「闘病中」とのみ発表しているが、倒れた２０１４年に李健熙が関連企業の登記役員をすべて降りていることや、副会長が経営権を事実上、継承・行使していることなどから、復帰はありえず、代替わりとなったとされている。

韓国財閥2　現代《ヒュンダイ》財閥

分裂した鄭《チョン》一族

現代グループは骨肉相食む韓国財閥の縮図

現代《ヒュンダイ》財閥は鄭《チョン》一族が支配している。

現代財閥は、かつては韓国最大の財閥だったが、「王子の乱」と呼ばれる兄弟間の後継者争いで分裂してしまい、今では李一族のサムスン財閥に大きく水をあけられている。サムスン財閥との力の差は、長者番付にも歴然と表れている。現代財閥の中核企業である現代・起亜《キア》自動車グループのトップ鄭夢九《チョンモング》会長の資産は、サムスン財閥のトップの李健熙の半分程度しかないのだ。

現代財閥は、鄭周永《チョンジュヨン》が25歳のときに創業した自動車修理工場が出発点になっている。周永は、金剛山の近くに住む貧農の6男2女の長男として生まれたが、いつか大金持ちになってやるという、でっかい「夢」があった。17歳のときに、父が牛を売ってつくった金をふところにして京城（現ソウル）へ出たのだ。

戦後、土建業を始めると朝鮮戦争が勃発、米軍基地の施設の建設を請け負って基礎を築いた。そして時の政権と癒着してダム、高速道路、原発などのプロジェクトを受注して財閥となり、１９７２年には韓国初の造船業に進出、現代重工業を設立した。

１９７３年に石油ショックが起きると、おびただしいオイルダラーが流れ込んだ中東諸国から仕事を大量に受注し、鄭周永は一気に財閥規模を拡張した。ヨーロッパの建築会社の半値で競争入札を制したのである。

周永には８人の息子が生まれ、全員の名前に「夢《モン》」という字をつけた。だが、彼の夢は、思い描いたようには叶わなかった。１９３６年生まれの長男の夢弼《モンピル》は１９８２年交通事故死、２つ下の次男夢九《モング》は２００６年不正資金疑惑で逮捕、４男の夢禹《モンウ》は１９９０年に自殺、戦後生まれの５男の夢憲《モンケン》も２００３年に自殺するのだ。夢憲は、生前、次男の夢九、６男の夢準《モンジュン》と争ったため、韓国紙「東亜日報」は「現代の三国志」と揶揄した。

現代財閥の姿は、韓国財閥のいびつな縮図だ。血の結束が乱れたら財閥は破綻。コングロマリットは四分五裂して力を削がれ、一族の権力も富も縮小していくのだ。

韓国財閥3
SK財閥・LG財閥
"腐敗地獄"の生き字引

横領罪で有罪判決の「SK財閥会長」の年俸29億円

「韓国財閥企業の役員のなかで、2013年に最も多い年俸があったのは、系列会社4社の役員を兼ねたSKグループ会長の崔泰源《チェテウォン》で301億ウォン（約29億円）」と「ソウル聯合ニュース」（2014年3月31日）が伝えた。泰源は、2013年1月に横領罪で在宅起訴され、懲役4年の実刑判決を受け、すべての役職から降板していた。

横領したとされる金額は、465億ウォン。年俸の1・5倍だった。これは韓国財閥の内情の一端を物語っているに過ぎない。韓国では、この手の不祥事は日常茶飯。財界はもとより政界にも根強い腐敗構造がはびこる歴史風土があるのだ。

たとえば、歴代大統領の末路である。

初代から3代まで続けた李承晩《イスンマン》は、不正選挙で失脚、ハワイへ逃亡。

第4代大統領の尹潽善《ユンボソン》は、総理と対立、朴正熙《パクチョンヒ》の軍事クーデターで失脚し軍政に移行した。現大統領の父親である朴正熙は第5代から9代まで大統領の地位にあって、「漢口の奇跡」といわれる経済発展を成し遂げたが、側近によって暗殺された。

第10代の崔圭夏《チェギュハ》は、死者193人を出した「光州《クァンジュ》事件」を起こし、全斗煥《チョンドゥハン》や盧泰愚《ノテウ》らの軍事クーデターで失脚。首謀者の全斗煥は第11代・12代大統領になるが、親類ぐるみの収賄・蓄財の不正が発覚し、退任後、反乱・内乱目的殺人罪で死刑判決、のち特赦。盧泰愚は第13代大統領に、退任後、クーデターの罪、収賄疑惑で懲役刑、のち恩赦釈放された。第14代の金泳三《キムヨンサム》は、通貨危機に陥ってIMFに支援を頼んだ。第15代の金大中《キムデジュン》はノーベル平和賞を受賞したが、贈賄事件などが発覚して国民に謝罪。第16代盧武鉉《ノムヒョン》は退任後、軍刑法違反で懲役刑。のち特赦となるが、収賄疑惑で自殺。第17代の李明博《イミョンバク》は、実兄が斡旋収賄違反容疑で逮捕・起訴された。

　韓国を支配しているサムスングループなど大手財閥一族の資産は、これらの大統領と密接につながって蓄積されたのである。たとえば盧泰愚は、姻戚関係となったSK財閥に肩入れし、現代《ヒュンダイ》財閥の猛反発を招いている。

　SKグループは、サムスン財閥、現代財閥に次ぐ巨大財閥で、財閥3位の座をLGグループと競ってきた。財閥としての規模は、SKとLGを合わせるとサムスンになるといったレベルである。そのLGグループの会長具本茂《グボンム》の2013年の年俸は、46億8000万ウォンだった。

インドネシアの華僑財閥の祖
スドノ・サリム
★東南アジアの〝華僑のシンボル〟

〝伝説の政商財閥〟2代目、復活の狼煙

インドネシアの経済を動かしているのは華僑の財閥だ。その代表格が「サリムグループ」である。

サリム財閥の始祖スドノ・サリム（林紹良）は、2012年に97歳で天寿をまっとうしたが、生前は東南アジアの〝華僑の象徴的大物政商〟として、香港の財閥李嘉誠《リカシン》、マレーシアのクオックグループ（香港ではケリーグループ）を率いるロバート・クオック（郭鶴年）、タイのCP（チャロン・ポカパン）グループの大手財閥タニン・ジアラワノン（謝国民）、フィリピンでシューマートを率いる財閥ヘンリー・シーらのまとめ役だった。

スドノ・サリムは、1936年に中国福建省からインドネシアへ渡り、日用品などを商っていたが、そこで若い将校と出会い、刎頚《ふんけい》の交わりを結ぶ。肝胆相照らす仲となった将校は、若き日のスハルト。のちのインドネシア第2代大統領である

第二次大戦が終わってインドネシアは独立を宣言するが、それを認めないオランダとの

間で独立戦争が勃発。インドネシアは、その戦いを制して名実ともに独立を果たす。スハルトは１９６５年に起きたクーデターを鎮圧して頭角を現し、１９６８年に大統領に就任、「安定と開発」を国家スローガンとして掲げ、30数年に及ぶ独裁政治を行うのである。その間、盟友として政治資金を提供し続けたのがスドノ・サリムだった。スドノ・サリムは、その見返りに財閥という地位を得た。

だが、スハルト政権下では腐敗や汚職が日常化し、大統領自身も不正蓄財をして次第に人望を失い、２００８年に86歳で他界する。

拠り所を失ったサリム財閥も、１９９７年のアジア通貨危機で巨大債務を負い、反華僑勢力の攻撃標的にされて資産は大幅に目減り。それを息子アントニーが相続した。

だが、資産減とはいえ、痩せても財閥。２０１４年の資産は前年より36億ドル増えて１３７億ドル。国内順位も3位から2位へと浮上、前年には54億ドルだったトップとの差を27億ドルに縮め、復活の狼煙を上げた。

フィリピンの伝説のビリオネア

ヘンリー・シー

SM財閥の総師

一介の靴屋からビリオネアへ

フィリピンの人口・領土面積は日本に近く、輸出額と輸入額もほぼ均衡しているが、経済成長率ではフィリピンは2012年6・8％、2013年7・2％で、日本を圧倒している。日本はフィリピンの最大援助国であり、「両国間に大きな政治的懸案事項は存在せず、活発な貿易、投資、経済協力関係を背景に、両国関係はきわめて良好」（外務省）。

日本ではアメリカ生まれの「メンソレータム」がポピュラーだが、フィリピンでは現地生まれの「タイガーバーム」だ。同じ19世紀の発明でも、「タイガーバーム」の方が古い。清の薬草商人だった胡子欽《フーズチン》がビルマで発明し、息子の文虎《ウェンフウ》・文豹《ウェンバイ》がフィリピンで商品化して財閥になった。虎と豹では虎の方がよかろうと、「タイガー」にしたという。虎はフィリピンでは「ハリマオ」。高齢者には昔懐かしい「怪傑ハリマオ」のあの英雄ハリマオである。ハリマオもそうだが、胡一族の3代目胡一虎《フーイーフウ》夫人も日本人だった。胡暁子《フーシャオズ》で、先年没したが、生前は日比両国の友好親善に尽力した。

フィリピンのビリオネア・ランキング(2015年)

順位	ビリオネア名	資産(億ドル)	事業分野
1	ヘンリー・シー(90歳)	142	最大手小売り「SMグループ」
2	ジョン・ゴコンウェイJr.(87歳)	58	JGサミットホールディングス
3	エンリケ・ラーソン Jr.(53歳)	52	港湾施設運営最大手「インターナショナル・コンテナ・ターミナル・サービス」
4	アンドリュー・タン(62歳)	48	大手デベロッパー「メガ・ワールド」
5	ルシオ・タン(80歳)	44	コングロマリット「タンドゥアイ&アジアブルワリー」(フィリピン航空、タバビールなど)
	ジョージ・ティ(82歳)		投資会社「GTキャピタルホールディングス」
7	デイビッド・コンサンジ(93歳)	41	コングロマリット「DMCIホールディングス」
8	トニー・タン・カチョン(54歳)	27	ファストフードレストラン「ジョリービー」
9	ルシオ&スーザン共同(夫婦)	23	小売り大手「ピュアゴールド」
10	ロバート・コイイウトJr.(62歳) Coyiuto	18	生保「プルデンシャル」

フィリピンは財閥の国だ。華僑系とスペイン系の財閥が経済の8割方を支配している。かつてはスペイン系のアヤラ財閥、ロペス財閥などの羽振りがよかったが、今では華僑系がフィリピン経済を牛耳り、フォーブス誌の「フィリピン版長者番付」上位に名前を連ねている。

不動のトップ・ビリオネアは、「SM財閥」の総帥ヘンリー・シーで8年連続。一介の靴屋から巨富を成した伝説の〝フィリピンの小売王〟で、2015年は資産142億ドル。2位以下に倍以上の大差をつけている。首都マニラにあるアジア最大のショッピングモール「SMモール」などを傘下に収めている。SMは「スーパー・シューマート」の略、シューはむろん「靴」の意味である。

あとがき

本書は、米経済誌「フォーブス」が毎年発表する「世界長者番付」を資料にして「ビリオネアの世界」を書いた〝日本初の単行本〟である。ムックの体裁をとったものは、本書のベースとなった拙著のムック『世界の名家・大富豪の経済学』（ダイアプレス／2014年12月発行）など、過去に何冊か出ているが、書籍として上梓されたものはこれまでなかったのだ。

ムック（MOOK）は「マガジン+ブック」（MAGAZINE+BOOK）の合成語で、雑誌と書籍が合体した本をいい、写真・イラスト・図表などの比率が多く、文章は少なめ。サイズはA4変形とかB5で大きめだが、ページ数は100~120ページくらいと少なく、見せる方にウェイトが置かれている。その点、書籍はほとんどが文章で、時折、図や表が付いており、本書もそうなっている。

本書は、前述したムック『世界の名家・大富豪の経済学』をベースにしているが、その本では2014年の「世界長者番付」の数字を使ったのに対し、2015年の最新データや情報を駆使して大幅に加筆した。推定資産額や世界ランキングといったデータの出所は、いわずもがなの米経済誌「フォーブス」である。同誌がなければこの本は存在し得ず、どんなに感謝しても感謝しきれない思いがある。

本書では、新規に作成した図表なども付け加え、さらに「どうすれば大富豪になれるのか」と考える読者のために、「大富豪への成功方程式」と名づけた世界ランキング上位者の語録も追加して「ビリオネアの秘訣」に迫る工夫をした。それらの語録は原語から私流に意訳した。自分でいうのも何だが、訳には自信がある。

この本をプレジデント社が発売してくれたことも感慨深い。小説の新人賞を受賞した私を作家として最初に起用してくれた出版社がプレジデント社だったのである。そういう機会に恵まれなければ、ビジネスの分野を書くことに関心を持つことはなく、売れない小説だけをそこそこ書いただけで、とうの昔に消えていた可能性が高い。

旧知の編集者である中田英明さんにムックを送って打診したところ、3日後には「出版OK」という返事が来た。中田さんとは雑誌の編集者と作家として25年の付き合いがあるが、単行本の編集を引き受けてもらったのは初めてということもあり、とても喜んでいる。

大金を扱うノンフィクションを書いたのは、『F1の経済学』以来だ。モータースポーツの最高峰である、あのF1を金の面から徹底的に追いかけたのだ。当時、ホンダの年間費用が100億円とか150億円という話だったが、本書に書いた世界長者たちの資産額は単位が違う。１００億ドルとか１５０億ドルだ。

本書を世に送り出す私の白昼夢は、ただひとつ。この本が売れて売れて、売れまくって、ビリオネアは無理でも、ミリオネアぐらいになれないだろうか⁉

城島明彦

参考文献

「世界の名家・大富豪の経済学」〔城島明彦／ダイアプレス〕
「世界の名家と大富豪」〔城島明彦／徳間書店〕
「創業伝説」〔ダブル・グロス＋フォーブスマガジン編集部／日経ＢＰ〕
「アメリカン・ドリームの軌跡」〔Ｈ・Ｗ・ブランズ／英治出版〕
「世界王室マップ」〔時事通信社〕
「〈別冊歴史読本〉ヨーロッパ王室のプリンス・プリンセス」〔新人物往来社〕
「ヨーロッパ超富豪」〔中田安彦＋副島隆彦／日本文芸社〕
「アメリカ権力者図鑑」〔副島隆彦＋中田安彦／日本文芸社〕
「本当は恐ろしい世界の名家」〔歴史ミステリー研究会／彩図社〕
「世界の王室うんちく大全」〔八幡和郎／平凡社新書〕
「図解　世界の大富豪１００人」〔菅下清広／スコラマガジン〕
「李嘉誠」〔西原哲也／エヌ・エヌ・エー〕
「図解　韓国四大財閥早わかり」〔金美徳／中経出版〕
「中国・台湾・香港の主要企業と業界地図」〔エヌ・エヌ・エー／日刊工業新聞社〕ほか　〔順不同〕

城島明彦（じょうじま・あきひこ）
作家・ジャーナリスト
1946年三重県生まれ。早稲田大学政経学部卒。東宝（映画助監督）を経て転職したソニー勤務時代（宣伝部門・広報部門）に書いた短編小説「けさらんぱさらん」で文藝春秋の「オール讀物新人賞」（第62回）受賞。“ソニー初の文芸賞受賞者”となり、著述業に転身。著書に『吉田松陰「留魂録」』『広報がダメだから社長が謝罪会見をする！』『ソニーを踏み台にした男たち』『恐怖がたり42夜』など、小説・ノンフィクションの著書多数。近著に現代語訳『養生訓』がある。

「世界の大富豪」成功の法則

2015年12月23日　第1刷発行

著　者　城島明彦
発行者　長坂嘉昭
発行所　株式会社プレジデント社
〒102-8641 東京都千代田区平河町2-16-1 平河町森タワー
電話：編集（03）3237-3726
販売（03）3237-3731

デザイン　秦 浩司（hatagram）
印刷・製本　萩原印刷株式会社

ISBN978-4-8334-5082-9
Printed in Japan

落丁・乱丁本はおとりかえいたします。